U0726745

了不起的

头脑M体操

打开电视机

〔日〕多湖辉 著　〔日〕水野良太郎 绘　安伊文译

人民文学出版社

PEOPLE'S LITERATURE PUBLISHING HOUSE

著作权合同登记：图字 01-2022-5003 号

ATAMA NO TAISOU DAI 4 SHUU
KORE GA COLOR TELEVISION SHIKI PUZZLE DA

© Akira TAGO, 2005
All rights reserved.
Original Japanese edition published by Kobunsha Co., Ltd.
Publishing rights for Simplified Chinese character arranged with
Kobunsha Co., Ltd. through KODANSHA LTD., Tokyo and KODAN-
SHA BEIJING CULTURE LTD. Beijing, China.

图书在版编目（CIP）数据

打开电视机 / (日) 多湖辉著 ; (日) 水野良太郎绘；
安伊文译. -- 北京：人民文学出版社，2023
（了不起的头脑体操）
ISBN 978-7-02-017627-4

Ⅰ.①打… Ⅱ.①多… ②水… ③安… Ⅲ.①儿童故
事 – 图画故事 – 日本 – 现代 Ⅳ.①I313.85

中国版本图书馆CIP数据核字(2022)第224278号

责任编辑　卜艳冰　　贾芳凝
装帧设计　汪佳诗

出版发行　**人民文学出版社**
社　　址　北京市朝内大街166号
邮政编码　100705

印　　制　山东临沂新华印刷物流集团有限责任公司
经　　销　全国新华书店等

字　　数　84千字
开　　本　787毫米×1092毫米　1/32
印　　张　6.125
版　　次　2023年1月北京第1版
印　　次　2023年1月第1次印刷

书　　号　978-7-02-017627-4
定　　价　39.00元

如有印装质量问题，请与本社图书销售中心调换。电话：010-65233595

前　言

距离"了不起的头脑体操"系列出版已经过去了一年有余。

过去的这一年对我来说真的极其忙碌。每周除了要在大学里上十几个小时的课以外，还要在各地进行演讲，足足有几十次之多。此外，我还多次受邀在电视上和广播中担任嘉宾。

在如此忙碌的状态中，继续由我执笔的"了不起的头脑体操"系列的《汽车加速赛》和《环球旅行》陆续出版了。正是读者们热情的支持为我提供了精神动力，让我能够不顾一切地向前冲。埼玉县的某中学老师"午休时，和学生们一题一题地思考"；某高中生将自己煞费苦心想出的题寄给我，并说"看过这几本书后，知道了您大脑的结构，现在想反过来挑战您"；有的小学生表示"真不过瘾呢，请继续出下去"，并在信封的正反面密密麻麻地写上"下一册快一点儿"……

确实，"了不起的头脑体操"现在作为一种大规模的社会现象，渗透到日本的风俗习惯及人文环境中。

如果一本书平均被五个人看过的话，那预计有超过1000万人看过了我的书。

在本书中，我希望能找到一种更加亲民、让更多的人能够读下去的方式。某一天，我正在构想时，突然想到了将电视节目原封不动地搬到书本上的主意。

根据加拿大学者麦克卢汉的理论，"了不起的头脑体操"的内容完全是从一个个"点"发散而成的。也就是说，相比前后内容相关的"线"的连接，它更注重一个个现象、一个个主意、一个个事件，互相之间并无关联。电视与"了不起的头脑体操"在这一点上有类似的地方。我瞬间受到这一灵感的启发。如果抓住电视这一新素材，也能促进智力题自身新的发展。电视节目中包含了生活、社会、地理、历史等知识，可谓包罗万象的"小宇宙"。

总之，本书真的很轻松。从《来锻炼脑筋吧》开始，我就希望书的基调是亲民的、轻松的、健康的，这本书完全符合了以上的条件。

本书的每一题后，都登载了二百名大学生解答题目的结果，答题对象是来自青山学院大学的志愿者。多种多样的答案将新时代年轻人的自由奔放、奇思妙想体现得淋漓尽致，也给了我极大的启发。

本书中出现的节目的内容都是建立在我自由想象的基础之上的，放映时间也都是虚构出来的。

希望"了不起的头脑体操"能够成为读者茶余饭后一边放松一边进行头脑训练的好帮手。

最后，再次感谢在本书写作过程中给予极大支持和帮助的东京业余魔术俱乐部副会长高木重郎先生、漫画家饭塚良照先生，以及协助完成调查的二百名学生。

多湖辉

目　录

　　为了今天一天能够持续地观看电视，我们必须先测试一下电视机的画面是否正常。睁开惺忪的双眼，来看一下画面吧！

　　圆 A 是歪的吗？B 和 C 是平行的吗？D 和 E、F 和 G 的长度是相等的吗？

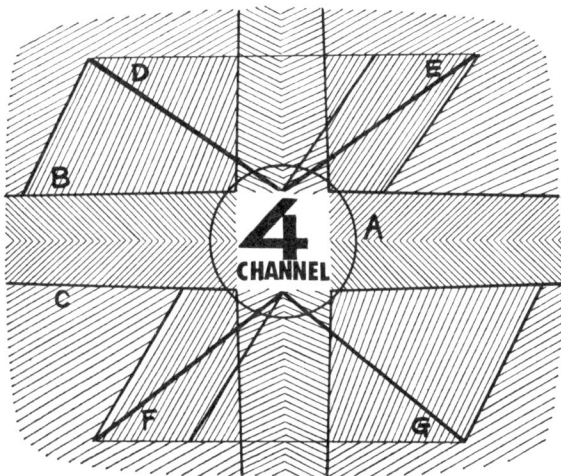

答案

圆 A 不是歪的。B 和 C 不平行。D 和 E、F 和 G 的长度不相等。

这种情况下，由于眼睛的错觉（错视），常会发生平行线看上去不平行、同样长短的线看上去不一样长的情况。这时候如果不去确认，仅仅认为"这种歪斜是错觉造成的"，就很容易出错。

【二百名大学生的回答结果】

正确率：76%

答对者平均所需时间：3 分钟

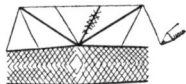

稍懂一点点错视知识的人，由于自以为是，反而会答错。为了不被错觉所迷惑，用笔或者用纸的边缘稍微比画一下就行。不吝啬做这些小事的人，一定能答对。在答题者中，如图所示，有人加了附加线，消除错视效果后再判断是否歪斜，真是绝妙的主意。

（5：40）今日节目预告

　　"今日节目预告"会选择今天播放的所有节目中最有话题性的那些节目做介绍。那么，在今天的节目中，有没有可能出现"明日的节目"呢?

　　今天的节目，是指从早上五点半开始，到翌日凌晨零点五十分持续放映的录制好的节目带。也就是说，即使是零点以后的节目，也算是今天的节目。

今日节目
预告

答案

有可能。比如今天正好有一档名为"明日的节目"的节目。也就是说，"明日的节目"是栏目名。

- 【二百名大学生的回答结果】
- 正确率：56%
- 答对者平均所需时间：4分钟

答错者中的大部分是拘泥于时间的人。因为零点正是今天和明天交替的时间，所以很多人的思维局限在如何识破时间的"骗术"上，导致了失败。这道题的关键在于今天的节目中有一档名为"明日的节目"的节目。不要单纯地认为这只是一个文字游戏，它是使思维扩散，训练其追求各种可能性的极好素材。

（5：50）天气预报

图中是关东地区的天气预报。如记号所示，今天的关东任何一个地方都有雨，绝对称不上是好天气。

但是，有一个住在关东的男子，看了以后说："今天一天不会淋雨，真是太棒了。"请问这是为什么?

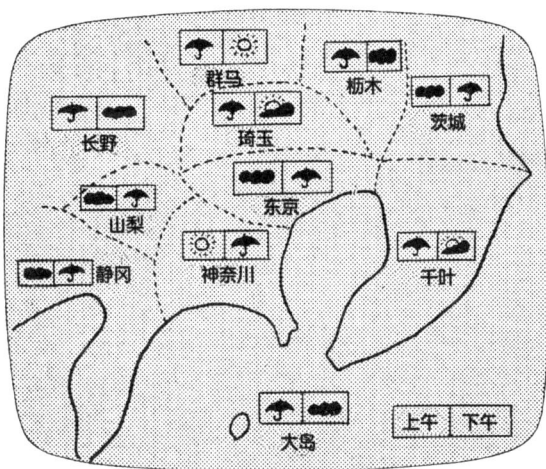

群马

栃木

长野

琦玉

茨城

山梨

东京

静冈

神奈川

千叶

大岛

上午　下午

答案

因为这名男子那一天上午和下午在不同的地方。比如上午在茨城，下午去千叶。或者他是一名卡车司机，上午从神奈川出发，经过东京，下午到达埼玉或者群马，完美地避开了下雨。

【二百名大学生的回答结果】

正确率：80%

答对者平均所需时间：3分钟

这题似乎有点儿太简单了吧？画面中出现的"上午""下午"的文字就暗示了答案，注意到这一点，离正确答案也就不远了。觉得这道题过于简单的原因，或许是因为答案并非唯一，比如，还有"雨水只下在县境内的局部区域""这个男子对于'一天'的概念和常人不同"等。其中最妙的，是"这名男子是地铁员工"的答案。有没有一种灵光闪现的感觉？

今天说的是开拓村子时发生的故事。如图所示的锯子，能不能同时使用它两边的锯齿，把并列的两棵树一起锯倒？如果可以的话，该怎么做？

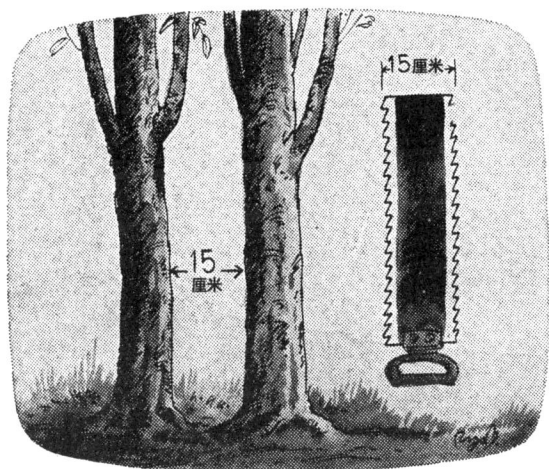

可以。如图所示，把锯子斜着锯，就能把两棵
树一起锯倒了。

- 【二百名大学生的回答结果】
- 正确率：72%
- 答对者平均所需时间：1分30秒

- 72%的正确率比预想的要高。有相当一部分人回答
- 的是"把锯子横过来同时锯两棵树"，但是这不符合"同
- 时使用它两边的锯齿"这一条件，因此不对；也有人回答
- "轮流锯左右两边的树"，但是这也没有"同时"使用，因
- 此也不对。最奇特的回答是："把根刨出来，再让两棵树
- 靠近一些。"

一家旅馆，有如图所示的三栋房子，每一栋房子中都有两个相邻的房间，一共六间，有的是暖气房，有的是冷气房，每个房间都有独立的入口。如果最初踏入的房间是暖气房的话，隔壁相邻的房间更可能是暖气房还是冷气房？

答案

隔壁是暖气房的可能性是冷气房的两倍。如果觉得暖气房的隔壁只有暖和冷两种，因此可能性是一半一半，这样的想法就错了。因为，初次踏入的房间是暖气房，有暖1、暖2、暖3三种可能，这三间房各自相邻的房间，按顺序是寒1、暖3、暖2，所以暖气房是冷气房的两倍。

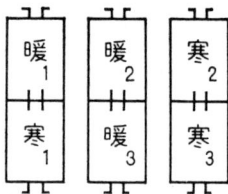

● 【二百名大学生的回答结果】

● 正确率：52%

● 答对者平均所需时间：4分钟

● 答错者中的大部分，是基于以下理论："两种可能性是相等的。因为如果进入的是暖房的话，相邻的房间要么是暖房，要么是冷房，双方的概率均为二分之一。"

● 不知道是不是因为问题过于一本正经了，即使在答对的人中，也有人说"总觉得好像有哪里不对"，然后再三去搜寻其他答案——这是"头脑体操"做多了吧？

"画面上是人气超高的足球赛比赛现场，观众席上座无虚席！"下图的电视屏幕上大概显示了多少观众呢？请思考尽可能快并尽可能正确的方法。但是，不用得出准确的数值，只要近似即可。

答案

约三百人。最好的办法，是把显示屏上的所有观众划分成几个行列大致相同的区域，只要数最中央的区域的人数，然后乘以区域的个数即可。如上图所示，划分成九个区域的话，最中央的区域内大约有三十五人，因此可以推定其九倍约为三百人。

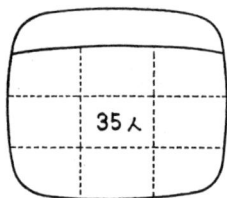

● 【二百名大学生的回答结果】

● 正确率：0%

● 与前一题正好相反，这一题有点儿难了。这道题中所用的先调查小样本，然后将其扩大化的方法，在建筑学的领域经常被使用。在民意调查中常被用到的抽样调查，也运用了这一原理。

● 在收到的回答中，"让每天数西瓜或大白菜的人来数""把这个画面用照相机拍下来慢慢数"等回答，作为创意的点子，也还是很有意思的。

（7：30）新节目：幼儿园考试讲座　　问 **?** 题

只用一支铅笔，怎样同时在纸上画出两条线呢?

答案

如图所示，至少可以想出以下两种方法。①把铅笔芯削成如图所示的样子，便可以同时画出两条间隔约一毫米的线。②如图所示，将铅笔两头都削尖，便可以在纸的两边同时画线。

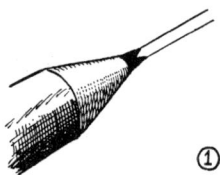

①

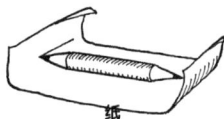

纸

②

【二百名大学生的回答结果】

正确率：40%

答对者平均所需时间：1分钟

除了上面两种答案，还有其他各种回答。如图，①将纸折成"M"形，用笔在顶部画线。②将纸折成如图所示形状，用笔尖和笔的中间部分画出两条线。③将纸折成如图所示形状，打开便成了两条线。此外，还有将铅笔折成两段等回答。但是后两种回答由于分别不满足"同时"和"一支铅笔"的条件，所以不能算正确。

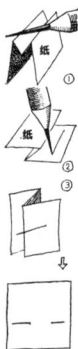

晨间秀的节目内容是名为"不看，不说，不听"的游戏，进行游戏的三个人要分别捂住眼睛、嘴和耳朵，但如何开始游戏成了一个难题。如果说"开始"，捂住耳朵的人听不见，如果摇旗的话，蒙住眼睛的人看不见。为了让三个人同时开始游戏，该怎么做比较好？

答案

在游戏开始的时候，同时拍打一下参加者的肩部或背部即可。这是最简单的办法了。

人类的五种感官之中，视觉、听觉丧失时，最有效替代的可以说就是触觉（皮肤感觉）了。利用好这一点，是本题的关键。

【二百名大学生的回答结果】

正确率：68%

答对者平均所需时间：2分钟

人类的沟通通常是以视觉、听觉为中心的，而触觉是思考的盲区。不过，这道题对于头脑训练充分的解答者来说，难度并不大。

然而，对于如何启动触觉，回答可谓五花八门。有"用振动的方法""用通电的方法"等，实在令人佩服！

　　请思考用同样的三个数字能得到的最大数。比如说"5"，如图所示，计算乘方的乘方即可。那么"2"和"3"该怎样组成最大的数呢?

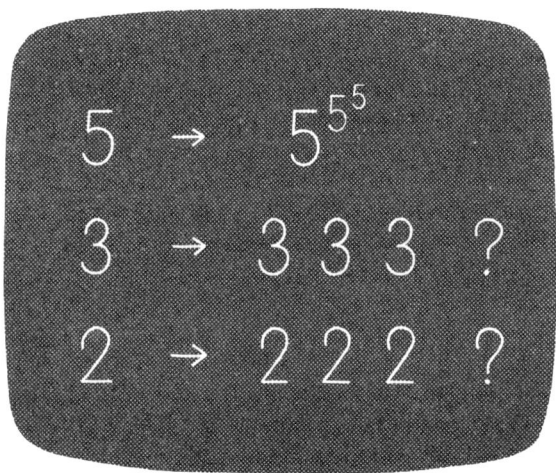

答案

2 的 22 次方，3 的 33 次方。

$$2 \to 2^{22} > 2^{2^2} = 2^4$$

$$3 \to 3^{33} > 3^{3^3} = 3^{27}$$

【二百名大学生的回答结果】

正确率：4%

答对者平均所需时间：3 分钟

回收上来的回答中，最简单也是最多的，是如同例题所给出的"2 的 2 次方的 2 次方""3 的 3 次方的 3 次方"，其次较多的是"222""333"。接下来多的回答是"22²""33³"。但是到这一阶段，大部分人就不再进一步思考了。仔细想想，在日常生活中说到乘方，从 2 次方到 9 次方的一位数的乘方比较常见，如正确答案所示的 22 次方、33 次方之类，因为平时很少用，所以想不起来。一道很简单的问题，就这样意外地变成难题了。

　　今天的料理节目教大家制作至尊火腿三明治。将面包切成十片，每两片面包之间只能夹入一片火腿。请问，最多能夹几片火腿?

面包

火腿

夹十片。如图所示，将十片面包围成一个圈，这样就有十处间隙，可以夹入十片火腿。

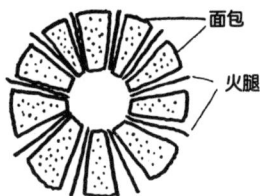

【二百名大学生的回答结果】

正确率：12%

答对者平均所需时间：3分钟

这道题，简单地回答9片的人意外的多，让我大吃一惊。

这又不是给小学生们做的题，如果简单成这样，就不能说是智力题了。除此之外还有没有什么可能性——注意到这一点的人，大部分能答出正确答案。其中，有人提出将面包排成两列，两列的中间还能夹入火腿，这样能夹十三片呢！这个主意很有趣，但是这样的话，恐怕不能被称为"三明治"了吧？

如图所示是普通的缝纫用多股线，如何从普通的缝衣针的针眼里穿过尽可能多的线？至少要穿过五根以上。

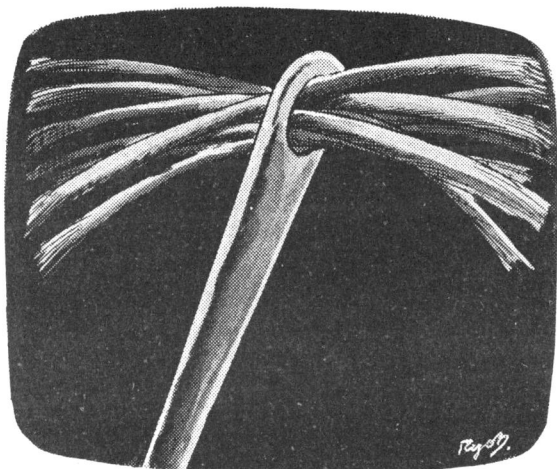

答案

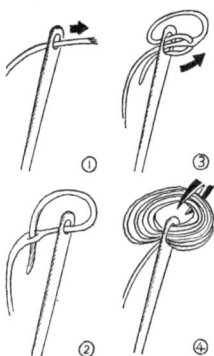

如图所示，做出适当长度的圆圈，按照图中的顺序一次次操作，五根线是能轻轻松松穿过的，最后将圆圈剪断即可。如果一次想要把线穿过针眼的话，最多三根线，针眼就会被堵住吧？

【二百名大学生的回答结果】

正确率：0%

答题者一般会想到将五根线并成一股。如果单纯将它们捻在一起，会因为太粗穿不过去，那么可能就要考虑金丝线之类的东西。但是，金丝线和普通的线不一样，即使强按在一起，也不可能变得更细。这样，将金丝线对折的时候，对折处就很难通过针眼。好好想想，就能想出这样的主意："单独一根线穿过针眼之后，回到原来的一侧，将线圈引到另一侧，这样就看起来像穿过了很多线。"本题的难度在本书中是数一数二的。

　　有五根长为二十多厘米的丝带。只能使用一次剪刀，能不能将它们全部串成一根长丝带？

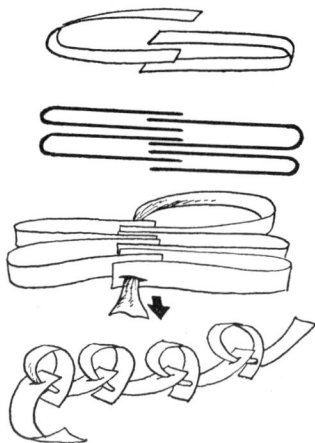

将丝带以如图所示的方式放置，重叠处大约两厘米宽，用剪刀在重叠处剪开一个口子，将最上面一根装饰带的一端从开口处穿过。

【二百名大学生的回答结果】

正确率：0%

很多人从一开始就提出"除非专业的魔术师否则做不到"，然后就放弃了。在回收上来的答案中，有些即使不是正确答案，但也闪耀着创意的光芒。比如，如图①所示，在正中剪一刀，将丝带错开。还有，如图②所示，用剪刀剪开装饰带带宽的一半，将两根带子卡在一起。虽然这不能叫"串成"，但也不失为一个不错的主意。

（9：30）电视设计教室

　　要在绘图纸上画出如图所示的三十六个三角形组成的金字塔图案。为了美观，必须使用蘸水笔。笔尖蘸一次墨水，可以画出如左边所示大小的四个三角形。那么，要完成这幅图，笔尖需要蘸几次墨水？

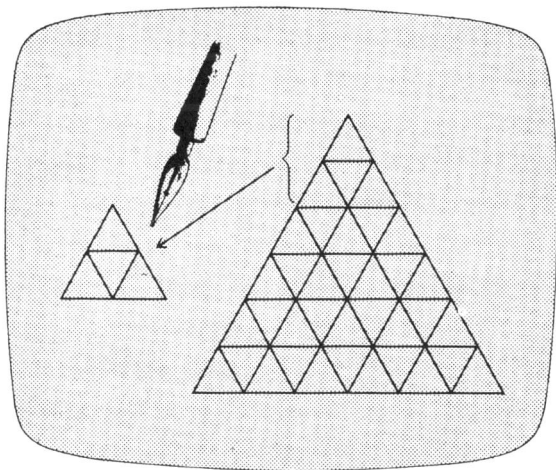

答案

七次。

这道题容易误答成九次。其实只要数一数小三角形的边数，一共是 63 条，而蘸一次墨水可以画出的边数是 9 条，那么只要用 63 除以 9 即可。

【二百名大学生的回答结果】

正确率：52%

答对者平均所需时间：2 分钟

理科生和文科生的正确率完全不同。即，理工科学生的正确率接近 100%，而文科类学生几乎全军覆没。分析了一下答错的原因，大概分为以下两种情况：一是一条边一条边地数，结果因边数数错了而失败，二是没有一条边一条边地数，而是"1+2+3+4"这样粗略地计算，结果失败。

（9：45）电视数学教室
（面向初中生）

现在，如图所示，电视机的屏幕上显示出了一个立方体。电视机屏幕大小为 6 英寸[①]，立方体的边长为 5 厘米。那么，如果电视机屏幕大小为 24 英寸的话，这个立方体的边长和体积分别为多少？

[①] 1 英寸合 1/12 英尺，1 英尺合 0.3048 米。

答案

边长为 20 厘米，体积为 8000 立方厘米。

【二百名大学生的回答结果】

正确率：85%

答对者平均所需时间：3 分钟

立方体的体积是边长的三次方。边长为原来的 2 倍，则体积为原来的 8 倍。那么，如果边长为原来的 4 倍，体积则为原来的 64 倍。

这道题，由于电视机屏幕的大小进行了等比例增减，因此大部分人都答对了。也有人回答"不知道立方体本身的边长和体积"，这是"头脑体操"做多了吧？

（10：00）电视数学教室
（面向高中生）

现在，如图所示，6 英寸的电视机屏幕上显示出一个正方形。经计算，正方形的面积为 25 平方厘米。

这一次，如果换成一台 24 英寸的屏幕，这个正方形的面积是多少?

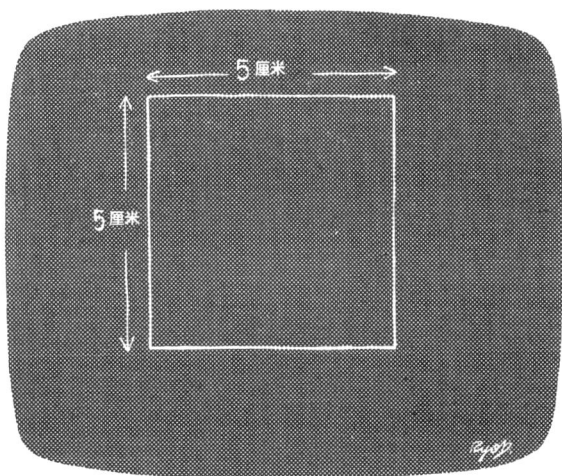

25平方厘米。与前一道题不同，这道题的画面中是出现了数值的。不管是从6英寸的屏幕中看，还是从24英寸的屏幕中看，画面中出现的数值都是不变的。

【二百名大学生的回答结果】

正确率：5%

答对者平均所需时间：5分钟

说这道题是对前一题的"应用"，似乎有一些存心刁难了。这道题几乎全军覆没。希望读者能够透过表象看破本质。答对这道题的人，几乎都是前一道题回答"不知道立方体本身的边长和体积"的人，这些人对于我的存心刁难始终持有高度的警戒之心。当然，也有对前一题提出"不知道立方体本身的边长和体积"，这道题却认认真真地计算，结果反而答错了的人。

用火柴点燃下图中的 A 点，会怎么样?

大概会出现如同下图这样大小的烧焦的印记吧！

【二百名大学生的回答结果】

正确率：0%

看到答案后，一定有不少人觉得"这是什么答案呀"。"A点"就是指"A"那一点，能看破这一点的人就算合格。也有人觉得"A点就只是'A'这个点本身"，虽然不能算完全正确，但这么回答的人的脑筋可以说是具有相当的柔软度了。绝大多数的回答是："引燃重油，甘油炸药爆炸。"即使这不是一道脑筋急转弯的题，因为重油不是用一般的火就能引燃的，所以甘油炸药也不会爆炸。

　　下图是某家旅馆的一个大房间，面积为九十贴[①]。如图，在三条虚线的位置处分别设置了拉门，只需要取走适当位置的拉门，便可形成从十贴到九十贴（以十贴为一单位）的九种大小的房间。(a–b：十贴；a–c：二十贴；g–j：三十贴；c–g：四十贴；b–g：五十贴；a–g：六十贴；c–j：七十贴；b–j：八十贴；a–j：九十贴)。

　　同样用三扇拉门来分隔，还有一种分隔法也能实现这样的效果。请问，该怎么分隔？

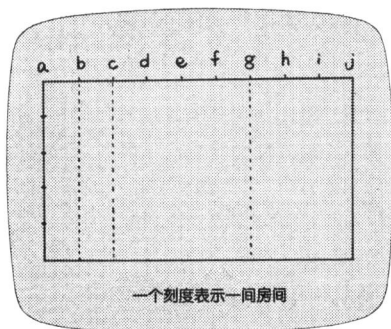

a b c d e f g h i j

一个刻度表示一间房间

---

① 贴，计算榻榻米的量词。一张榻榻米大小的面积为一贴。

答案

如图所示，在"b""e""h"处做分隔。在图的下半部分标出了从十贴到九十贴（以十贴为一单位）的九种房间的大小。

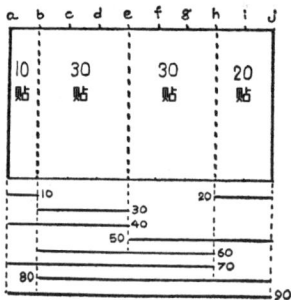

● 　　【二百名大学生的回答结果】

● 　　正确率：40%

● 　　答对者平均所需时间：8分钟

● 　　这道题实际上是用四个数字相组合，形成"1"至"9"。通过尝试各种方法，总能找到通往正确答案的道路，关键在于其组合的方式。相比于例题中给出的方法，正确答案的划分方法更简单。回收上来的答案中，有觉得"不行不行，好难"的主动放弃型同学，也有觉得"有一个办法就可以了"的投机取巧型同学。

　　如图所示，有一把没有开洞的三角尺以及一支铅笔，如何用它们画出两条平行线？如何使用三角尺都可以，但是一旦确定位置后不可再移动。铅笔每一次只能画一条线。

答案

　　如图所示，将三角尺竖起来，在其两侧各画一条线。三角尺的厚度就是两条平行线之间的距离。

● 　　【二百名大学生的回答结果】
● 　　正确率：35%
● 　　答对者平均所需时间：6 分钟

● 　　一说到要用三角尺画线，我们马上会想到平面的方法。将思维由平面向立体转变，注意到将三角尺竖起来使用即可。许多我们平时认为是平面的东西，其实都是具有厚度的，瓷砖、木板等都是极佳的例子。
● 　　这道题对于训练从平面思维向立体思维的转变，是非常有用的。

送礼用的肥皂

广告时间

　　具有"魔鬼教练"之称的 H 高中排球部教练 K，让他的队员从下图的出发点开始沿街跑步。"无论什么样的路线都可以，只是需要数清楚拐了几次弯。但是，不可以直接向后转。"回到出发点的队员分别向他报告了 88 次、105 次、113 次、133 次、140 次、146 次。其中有几个人在撒谎，请把他们找出来。

答案

报告 105 次、113 次、133 次的三个人。

从出发开始转的第一个弯一定到达的是纵向的街道，第二个弯一定是横向的街道。无论转多少个弯，奇数次一定是到达纵向，偶数次一定是到达横向。要回到位于横向街道的出发点，最后绝对不可能出现奇数次弯。

【二百名大学生的回答结果】

正确率：28%

答对者平均所需时间：4 分钟

有因为"最不擅长数学问题了"而从一开始就放弃的人，也有觉得"似乎是奇数偶数的关系问题，但这很费时间"而中途放弃的人。有意思的是，有的人用铅笔画出的四方形的方格来模拟路线，其中有的人画得特别大，而有的人画得特别小。也真的有人把问题中所有回数都走了一遍。这样的做法，稍稍有些不太聪明。擅于发现规律的人，只要走一格，就能推理到其他，发现偶数、奇数的法则。

　　小安娜家很穷，买不起"会睡觉的娃娃"，可是小安娜并不知道。她问哥哥汤姆："哥哥，为什么我的娃娃不会闭上眼睛呢？"汤姆不忍心伤害小安娜，于是他说："小安娜，当然不是啦。你看，娃娃会闭上眼睛呢！"汤姆是怎么让娃娃闭上眼睛的呢？

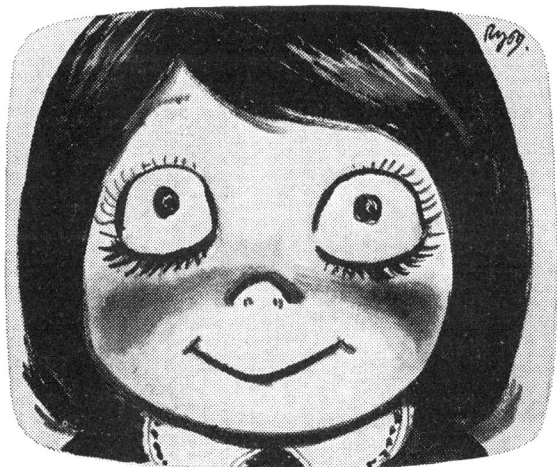

答案

如图所示，将一根手指挡在娃娃的脸上。

- **【二百名大学生的回答结果】**
- 正确率：30%
- 答对者平均所需时间：3 分钟
- 仔细看这幅图，就能看出瞳孔离上眼睑很近。如果能
- 着眼在这一点，答案就呼之欲出了。
- 有的同学提出用彩笔把眼睛涂掉，但是这样的话眼睛
- 就只能是闭着的了。用折纸或用别的什么东西把眼睛贴上
- 之类的答案当然也没有错，但说不上是最简单的办法。

　　科幻作家 H 说："随着科学视野的开阔，现在觉得不可能的事情以后有可能变成可能。比如在《来锻炼脑筋吧》中那个能溶解任何东西的液体的保存法本来是不可能的，但现在就有一个可能的方法。"

　　H 说的可能的方法是什么？

答案

在无重力状态的宇宙飞船中，液体因为飘浮在空间中，与任何东西都不接触，因此得以保存。

【二百名大学生的回答结果】

正确率：24%

答对者平均所需时间：3 分钟

这是和科幻作家星新一先生一起在电视台录节目的时候，先生提出的问题。

我预想的正确率约为 4% 到 5%，可是大概因为宇宙时代已经到来，这道题的正确率意外之高。还有一些回答也很有意思，比如"将液体冷冻成固体保存"、"既然是可以溶解任何东西的液体，那把所有的东西都溶解掉之后，最后应该只剩下液体本身了，所以无须保存，只剩下液体就好"。

多才多艺的主持人 M 先生最擅长的是模仿秀。他每次装扮好出现在舞台上，观众无不笑得前仰后合。这一天，他在舞台上模仿盲人说唱，演技高超。但奇怪的是，观众席上毫无沸腾的反应。请问这是为什么？当然，会场是满员的。

答案

因为 M 先生模仿盲人说唱的演技十分高超，而盲人的眼睛是看不见的。所以，他完全没有注意到幕布没有被拉开。

【二百名大学生的回答结果】

正确率：14%

答对者平均所需时间：4 分钟

作为正确答案也未尝不可的还有："观众以为他是真的盲人说唱，因此不觉得惊讶。"相对于逼真的演技，被贴上"盲人说唱者本人"的标签，是对演员最高的认可。也有两三个同学抓住"观众席上毫无沸腾的反应"的表述，回答"座位当然是毫无沸腾的反应的"。此外，还有回答说观众全部是盲人的。这样的回答都不能算是理想的答案。盲人说唱者虽然眼睛看不见，但是演出的内容才是最关键的。

演员手中旋转着的是一把伞，伞面上是模仿刀柄的奇妙图案。画面中深浅不一的部分是不同的颜色。想象如果在现场，由于旋转，各种颜色混合在了一起形成了其他颜色，但有几个圈的颜色没有发生变化，你能找出是哪几个圈吗?

答案

如右图所示。除了中心的圆点和最外侧的蓝色圆环以外，还有三个环。也就是说，从伞的中心开始画同心圆，没有被图案覆盖到的部分，就是没有变成其他颜色的部分。

【二百名大学生的回答结果】

正确率：24%

答对者平均所需时间：2分钟

"如果不实际转一下的话就无法知道。"这样的回答当然最简单，但是，我希望读者的想象力以及对色彩的敏感度能够更上一层。回答"只有最外侧一处"的人观察力不足。回答"两处或三处"的人，还需要加强耐心的训练。还有情感相当丰富的人回答"想自己成为演员，转一下伞试试，再思考一下就能明白了"。

朋友买了 M 公司的超级彩色电视机，我去看的时候，电视上正在播放 S 公司的产品至尊彩色电视机的广告，画面上帆船和海的颜色那叫一个鲜艳！于是我也下定决心买一台。那么，M 公司的超级电视机和 S 公司的至尊电视机，我应该选择哪一个呢？

答案

买任何一台都可以。因为，将两款电视机的好坏情况排列组合，可得出以下四种情况：

①超级 = 好，至尊 = 不好　　②超级 = 不好，至尊 = 好

③超级 = 好，至尊 = 好　　④超级 = 不好，至尊 = 不好

其中，如果是①②④的任何一种情况，都不会出现鲜艳的色彩，剩下的只有③，也就是说，两款电视机都好。

> 【二百名大学生的回答结果】
>
> 正确率：23%
>
> 答对者平均所需时间：3 分钟
>
> "因为看的是超级电视机，颜色很鲜艳，所以'超级'更好。""如果至尊电视机不好的话，放映出来的颜色应该不会好看，所以'至尊'好。"诸如此类的回答其实还缺了一步思考。只有一个人的回答是："让'超人'和'至尊人'比试一下吧！"这是漫画看多了吧？还有这样的回答："即使两款都不好，'负负得正'，看出来的效果也会很好吧？"这恐怕说不通……

问?题

海边有一个如图所示的装满水的贝壳。就这么装满着水，一滴也不漏地把贝壳合上，能做到吗？

首先，用和纸之类的薄纸盖在贝壳的一扇壳上，使其与水面完全贴合，随后将这扇壳翻转，盖在另一扇上。盖严实后，将纸抽出即可。

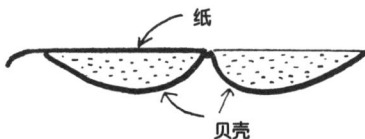

纸

贝壳

【二百名大学生的回答结果】

正确率：32%

答对者平均所需时间：3分钟

因为装满水的两扇贝壳不可能直接闭合，所以很多人考虑先将一侧的水吸出，之后再将水灌入。这当然违背了"装满着水"的条件。还有人回答"在水中合上两扇贝壳"，但这样贝壳中的水也已经不是原来的水了。于是有人考虑到用冷柜将水冻住。这真是个好主意，当然应该算正确答案。

　　为了庆祝 A 获得文化勋章，演播室邀请了 A 的亲属一起参加直播晚会。

　　受邀出席者有以下这些人——

　　A 的父亲的继弟；A 的弟弟的继父；

　　A 的岳父的内弟；A 的内弟的继父。

　　但是奇怪的是，前来出席者，只有 A 一个人，并且受邀出席者没有一人缺席。请问这可能吗？

答案

可能。如图的家
族关系图，受邀出席
者就是 A 一个人。

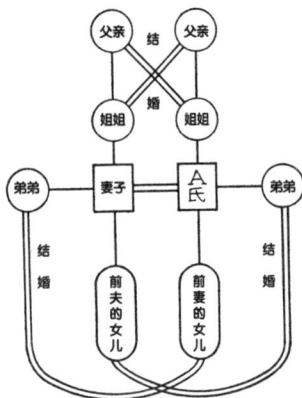

父亲 —结—婚— 父亲
姐姐   姐姐
弟弟 妻子 A氏 弟弟
结婚   结婚
前夫的女儿 前妻的女儿

【二百名大学生的回答结果】

正确率：0%

　　一眼看上去好像是极其复杂的人际关系，但绝对不是
完全不可想象的。有的回答虽然没有与正确答案一致，但
也基本描述出了相近的人际关系，接近正确答案。在这里，
A 以及 A 的妻子的子女，是他们各自与前妻（前夫）所生
带入到这个家庭中来的，这是本题的难点。这样的智力问
答题，需要充分利用给出的条件做逻辑推论，并尽可能挑
战一切可能性。

　　转碟子的杂技演员用一根细棒支撑住碟子的重心处，让碟子持续旋转起来。但是这一天不知道怎么了，他一失手，碟子掉落下来，摔成了如图所示的样子。但是这是个有经验的杂技演员，很快便找到这个摔破了的碟子的重心，用细棒支撑着继续旋转起来，请问他是怎么找到重心的？

答案

　　如右图所示，从碟子的边缘垂下一根系着坠子的线，记下这根线的位置，然后从碟子的其他位置重复这个动作。两条线的交点就是被摔破的碟子的重心。当然，碟子是要能够轻轻拿在手中的。

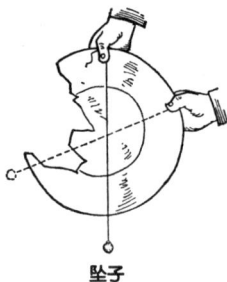

坠子

【二百名大学生的回答结果】

正确率：30%

答对者平均所需时间：2 分钟

　　虽然找到碟子的重心就算正确，但是不知道最简单的办法可不行。回收上来的回答中，有"即使边缘破了，因为还能转起来，所以中心点是一样的"这样难以理解的回答，也有"他是专业人士，凭直觉就能找到"这样不知所云的回答。答出作铅垂线，然后找出重心的正确答案的人约占三分之一，至于找出重心的方法，即使没有系着坠子的线，只要能让碟子平衡，什么方法都可以。

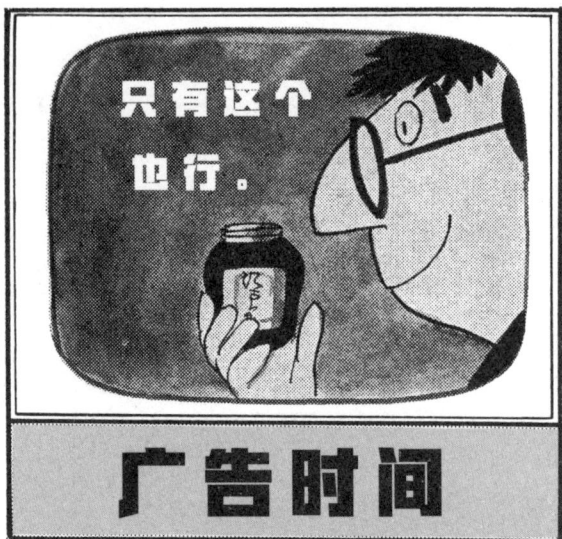

兄弟两人一起看赛马转播，出场的十匹马分别身披 1 号至 10 号战袍。兄弟两人猜前五名到达终点的马的序号，弟弟猜"1－2－3－4－5"的顺序，哥哥说："怎么可能是这么整齐的序号呢？我猜是'4－9－8－2－3'。"请问哥哥的话有没有道理？

哥哥的话没有道理。将从 1 到 10 的数字做任意排序，"1-2-3-4-5"的排序方式和"4-9-8-2-3"的排序方式出现的概率是相同的。如果认为"1-2-3-4-5"是某种特殊序列的话，那"4-9-8-2-3"也可以说是按某种特殊规则排列出来的。

【二百名大学生的回答结果】

正确率：28%

答对者平均所需时间：3 分钟

稍微仔细审一下题，就会注意到是概率的问题。"相比'1-2-3'的排列，总觉得'4-9-8'更有意思一些""'4-9-8-2-3'好像读起来顺一些，所以哥哥的排列好"之类谜一样的解释还挺有意思的。当然，果然是理工科的学生正确率高一些。

（2：00）境外赛事转播：
世界顶级拳王争霸赛

在美国举行的世界拳王争霸赛正在通过通信卫星进行实况转播。不知道是不是因为信号要绕地球半圈的缘故，转播的画面质量不太好。于是我决定借助放大镜。用这个办法，能不能看到猛烈击打的技术动作细节或者选手细微的表情呢？

不能。因为电视画面是由 500 多根扫描线①转换而成的画面。即使将其扩大，也只是看到扩大后的扫描线，不可能看到细微的部分。

【二百名大学生的回答结果】

正确率：50%

答对者平均所需时间：2 分钟

如果知道电视机扫描线的原理，这道题应该马上就能回答出来。但是，回答"可以被扩大"，因为"电视机的画面是由粒子构成的"或者"因为是网眼状的"的人比我预想的多，让我吃了一惊。实际操作一下就能明白，用放大镜之类的东西看电视，其实更难看清楚。这种时候，反而用显像管小的电视机能够更清楚地看到图像。

① 电视或传真等为把画面变换成电信号，使像点依次行进的水平线。

（2：30）第22届全国体育运动会转播

问?题

开幕式后的团体操表演需要4人一组的队列共15排，其中男子7排，女子8排。通常的做法是，用28位男子和32位女子排列。但是由于人数不足，进行了一番调整后，只用了一半的人数，请问是怎么做到的？

答案

如图所示。

男子

女子

一般来说，每 4 个人一排的前提下要将人数减半，就先画出和排数相同角数的正多边形（9 列的话就是正九边形，10 列的话就是正十边形），然后依次将相隔一个点的点连接，在各条线的交点上配置人员就可以。

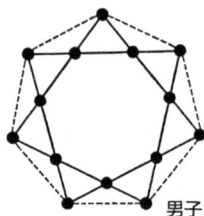

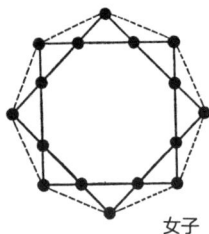

【二百名大学生的回答结果】

正确率：0%

这确实是一道很难的题。"想了十分钟也想不出来""完全不明白"这样的回答占到了半数。"因为运动场和观众席在同一水平面上，所以只能看到一侧的人""这一天来的大多是老年人，忘了带老花镜"这样完全不知所云的回答也有。当然也有人是真的认真思考了之后，歇斯底里地说："这样的事情，根本不可能做到！"看来这样的问题还是适合慢性子的人吧？

（3：00）产业科学电影：
《日本的林业》

如下图所示的木材甄别装置开始试运转了。原本的设想是令不到一米的小木材自动落下，但是由于出现了大的误算，这套装置需要改进。请问该怎么改进？

答案

为了只让不到一米的木材落下，空隙只能设置为五十厘米。

问题中的装置，如图（2）所示，即使超过一米，但是不到两米的木材，也会落下。

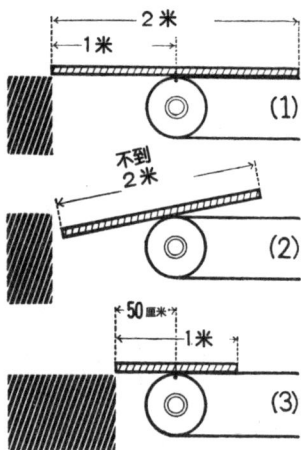

- 【二百名大学生的回答结果】
- 正确率：40%
- 答对者平均所需时间：3分钟
-
- 只要好好看，就能知道这道题并不难答。但是，给出一些奇怪回答的人还真是不少。"因为木材是从相同的地方掉落的，所以如果不改进的话，可能会堵塞。""这张图上的传送带，只能让九十厘米以下的木材掉落，应该更精确一些。"给出这样有意思的回答的人，还真有点儿幽默感呢！

（3：15）商店时间：照明研究　　问 **?** 题

如图所示，墙壁上安装着一个被圆筒形灯罩罩着的灯泡，请问墙上完全无法被灯光照到的部分是哪里？

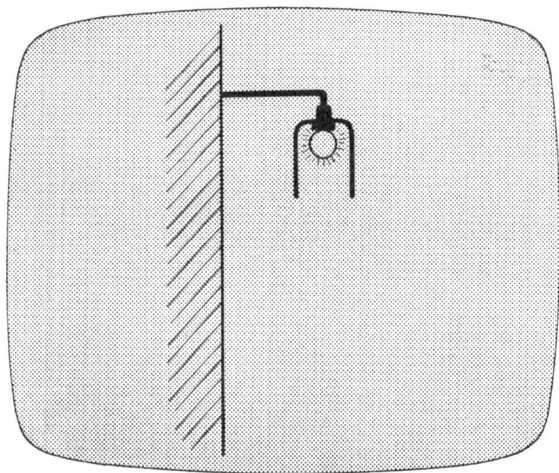

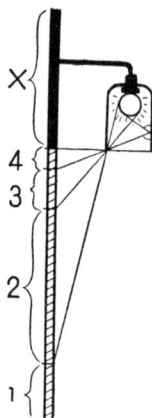

图中标记"×"的部分是完全照不到灯光的部分。即使是这么简单的照明装置，根据照到墙面的光照强度不同，也可分出五个不同的区间。从"1"到"4"的区域光照强度依次减弱。并且如果灯罩内侧是完全没有漫反射的镜面一样的材质的话，"4"的部分也是应标记"×"的部分。

【二百名大学生的回答结果】

正确率：28%

答对者平均所需时间：3分钟

"这个灯罩是半透明的会怎么样？透明的又会怎么样？因为是多湖先生出的题，所以不得不想得多一些。并且，题目中只说了安装着灯泡，没有说按下开关，所以这道题无法回答。"（原文摘录）原来我在读者心目中是这样的人哪！此外，虽然说着"根据光学原理"但答错的人也有好几个，看来有必要出一本专门用来区分认不认真的人的"头脑体操特辑"了。

　　在令人心驰神往的乞力马扎罗山下是一片广阔的肯尼亚大草原。《野生王国》的摄制组目击了一头猎豹被形似河马的大型动物追击并全速逃亡的全过程。据摄制组说，这头猎豹最终被追上，并被杀死了。拍摄的图像不太清晰，那么，这样的事情真的可能吗？

答案

　　可能。一眼看上去像是河马一样的黑色的一块，其实是一大群蝗虫或是杀人蜂。在非洲，蝗虫、杀人蜂之类的生物如果大规模聚集的话，是有可能袭击动物或者对农作物产生伤害的。

【二百名大学生的回答结果】

正确率：7%

答对者平均所需时间：4 分钟

　　很多人想到这是一种透视效果，即运用了在平面上给予立体视觉效果的技法，但是如果能想到所有的可能性就好了。突然变异的动物、未知的怪兽之类的回答虽然很有意思，但是能接近正确答案，想到例如蚊虫、小鸟之类的小型生物大规模聚集的人却很少。能给出正确答案的人，在思考所有可能性的同时，应该也将身处非洲这一条件纳入其中，并且平时就对于动物的习性有一定知识储备。

　　小爱的爸爸每次晚归的时候都坐出租车沿一条
道路回家。小爱的家在下面这张地图的 A 点，爸爸
坐的出租车总是从 B 点进来，顺着最近的路到家。
请画出爸爸回家的路线。图中所有的道路的宽度都
能让汽车通过，也就是宽四米。

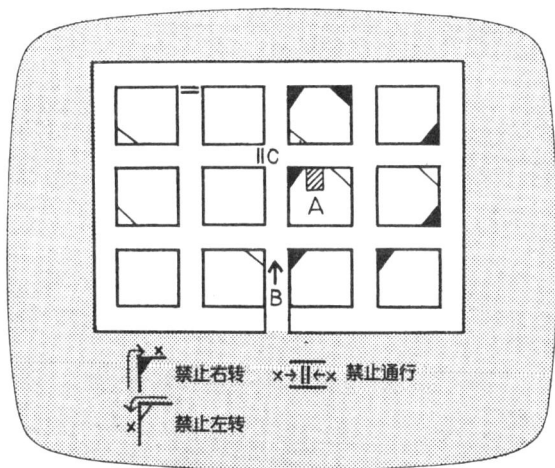

答案

如右图所示，出租车行驶到 C 点，然后爸爸下车，步行回家。如果一定要把车开到家门口的话，如图中虚线所示，需要绕一个很大的圈。

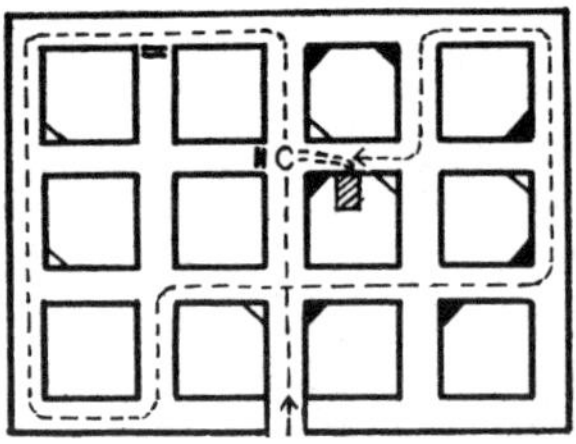

　　【二百名大学生的回答结果】

　　正确率：26%

　　答对者平均所需时间：1分30秒

　　这道题，能答出和不能答出的界限非常明显。

　　但是不知道为什么，很多人的回答是："转哪转哪，结果转迷路了。"仔细想想，这么说的人也不无道理。"在东京的世田谷区（以道路复杂而闻名的区域），也没有受这么多限制的道路呀！"有人这么抱怨道。原来如此！在现实中不太可能出现这样需要连续右转和左转的道路，但是作为出题者来说，这是为了设计智力问答题而做了夸大的处理。

（4：00）特别纪念节目：
《日俄战争》

　　日俄战争时期的战友 A 和 B 相遇，共同回忆当年大队和中队里的事。A 说，大队的队员总数是1001 名，大队分成若干个中队。B 说，每个中队的人数相同，第一中队列队的时候，纵队和横队的人数差不多，记忆中是一个近似于正方形的队伍。有这些条件，就能简单计算出有几个中队，请问是怎么做到的？

答案

中队数为"7"。因为"1001"的约数，只有"13""11""7"。中队的队列近似于正方形，那就是"13×11"的排列方式，所以，中队数为"7"。

【二百名大学生的回答结果】

正确率：7%

答对者平均所需时间：6分钟

"'1001'这个数字无法除尽"，这么回答的人，结论下得太早了。"有10个10×10的中队"，这么回答的人，又太图省事了。"1001人中有一个是大队长，所以不计算在内"，还有人擅自把大队的人数减少了。在答对的人中，理工科的学生用分解质因数的公式来思考，文科的学生先推算出大概的数字，再进一步进行计算。总之，方法多种多样。

　　一位盲人说："首先，掷出两个骰子，将掷出来的点数相加，和记作（1）。然后，将其中一个骰子翻转180度，将翻转后的点数与（1）相加，和记作（2）。再然后，将刚刚翻转的那个骰子再翻转90度，将翻转后的点数与（2）相加记作（3）。请记住这个数字。现在，将你们看到的两个骰子的点数告诉我，我就能猜出你们记住的数字是什么。"

　　如果最终的点数是"3"和"1"的话，那么盲人猜出的数字是多少呢？

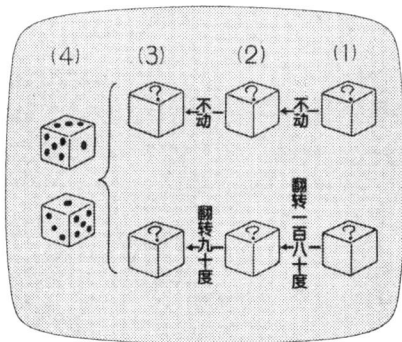

答案

是"11"。因为，除了3点和1点以外，其他相加的数字，是同一个骰子的正反面。一个骰子的正反面点数之和一定是"7"，因此只要再加上7，就是大家记住的数字。

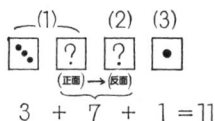

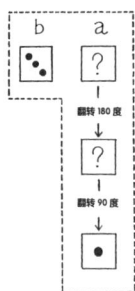

(1) (2) (3)

3 + 7 + 1 = 11

翻转 180 度

翻转 90 度

【二百名大学生的回答结果】

正确率: 60%

答对者平均所需时间: 5 分钟

"我的数学不好，所以连思考的勇气都没有"，像这样从一开始就放弃的人也不少。但是如果静下心来尝试思考一下，就会发现这并不是很难的问题。（当然，对于完全不知道骰子是什么东西的人来说，这道题确实毫无意义。）也有人回答："因为不知道'3'和'1'哪一个是没有动过的，所以答不出。"事实上，无论动哪一个都不影响结果。试着掷几次看看，很快就能找到正确答案。

（4：30）纪录片：《现代的秘境》　问？题

　　一个人笔直地行走，一次也不转弯，连续步行六个小时以上，在东京有可能做到吗？此人步幅为二十厘米以上，一秒钟至少能走一步。

答案

　　有可能。沿着下行电梯上行，或者沿着上行电梯下行就可以。或者，在有"运动步道"之称的传送带似的电梯上逆行也可以。

【二百名大学生的回答结果】

正确率：10%

答对者平均所需时间：3分钟

　　"也说不上来为什么，总觉得不太可能吧！"有的同学这样无奈地回答道。也有发牢骚的人表示："我哪儿知道可不可能啊？！"还有认真计算的人："'0.2×60×60×6=4320'，在东京，总能找到一条四千米左右笔直的路吧？！"其中也有人回答"沿着运动步道逆行"，并且进一步指明了具体的场所，这样的人应该有过类似的经验吧？

（4：45）高尔夫教室

今天教大家关于高尔夫果岭[1]的接近法。初学者 A 用力击打高尔夫球时，小球的前进距离为 200 码[2]，不用力击打的话，小球的前进距离为 20 码。因为初学，他击打小球时只能打出 200 码或 20 码。如图所示，A 选择了一条 380 码的路线，请问他最少需要击打几次才能将小球打上果岭？

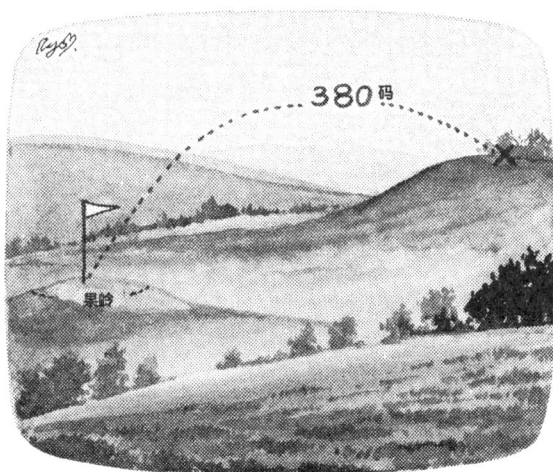

---

① 果岭，高尔夫运动术语，指球洞所在地。
② 1 码合 0.9144 米。

两次。第一次斜向击打出 200 码，第二次打出 200 码上果岭。

【二百名大学生的回答结果】

正确率：60%

答对者平均所需时间：4 分钟

这道题正确率很高，可能这不是一道难题吧。错误的回答基本上都是"十次"，应该是一次 200 码和九次 20 码的意思吧？错误的回答中，有人说："如果把球打到果岭后是要罚杆的，所以还是一点儿一点儿前进比较好。"但是即使是要罚杆，也只是加算一杆或二杆，那么在四杆或五杆的时候就会上果岭。所以，还是回答击打 200 码两次更为合理。这道题好像是为会打高尔夫的人准备的呢。

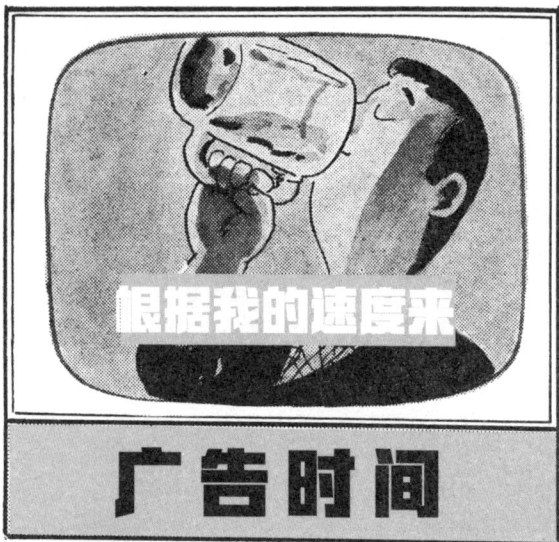

一位园艺讲师说了如下的话：

"俗话说，'桃栗三年柿八年'。然而，苹果需要十五年才能结果。大家的家里如果从现在开始种下种子的话，从第十五年开始，这四种食物就可以每年同时吃到啦！"

听到这里，有人笑了起来，请问是为什么？

答案

　　确实，从第十五年开始，这四种树都会结果。但是由于收获的季节不同，所以不可能"同时"吃到。

　　【二百名大学生的回答结果】

　　正确率：30%

　　答对者平均所需时间：2分钟

　　大概有8%的人考虑了最小公倍数，这似乎有点儿冒失。接下来比较多的回答是过于较真儿的，比如"最近没有种子的水果比较多""桃子、栗子、苹果都不是用种子种下的，一般是通过嫁接或者育苗的方式"等。还有一个让我印象深刻的回答："笑出声的是九十岁的老爷爷。"十五年后，老爷爷就一百零五岁了，应该活不到那个时候吧？所以他笑了起来。

（5：15）周日木工时间

长为 5 米的木板，要将它截成若干段之后拼接成 6 米长的木板，可能吗？条件是，木板不能纵向截开或斜向截开，只能横着截断。拼接的时候可使用黏合剂，但黏合剂的厚度不予考虑。

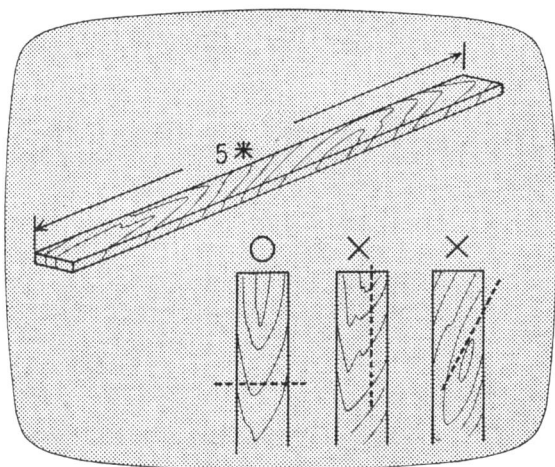

答案

可能。将木板切成细长的一条条，如图所示拼接成 6 米长的木板。也就是说，假设这块木板宽 5 厘米，将木板截成 120 段，这样的话，"5 × 120＝600"。依此类推，无论板的宽是多少，只要计算出将板截成多少段，就可以拼出想要的长度。

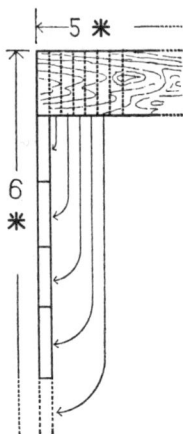

【二百名大学生的回答结果】

正确率：88%

答对者平均所需时间：4 分钟

有的答题者寻求捷径："既然是截断再拼，那拼接的时候，中间夹点儿什么东西不就好了？"也有的回答超乎常识："如果是长为 5 米、宽为 6 米的板，就没有必要截断啦！"这样的回答无疑是钻了题目的空子。对于努力想开发读者创造力而设计智力问答方式的出题者来说，这时会产生相当复杂的情绪。这种时候，遇到一些异想天开的想法，我会格外高兴。

（5：30）西部剧剧场

年轻的牛仔手持如图所示的两根系在一起的长绳。能不能在既不解开绳结，又不剪断绳子的前提下，将两根绳索分开？

能。如图所示，就能轻易地将两根绳索分开。
系在一起只是错觉，实际上这两根绳子从一开始就
没有系在一起，只是重叠地交叉在一起而已。

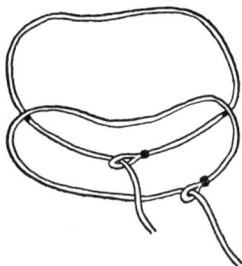

【二百名大学生的回答结果】

正确率：90%

答对者平均所需时间：1分钟

看到这张图的话，就非常简单了。虽然两根绳子看上
去系在一起，但那只是先入为主的印象，是一种错觉而已。
回答中也有很有趣的，比如："将铅笔之类的东西横着放置
在图中央，让重叠的部分消失，这样就成为两个类似同心
圆的圈了。"虽然说不上是正确答案，但是也相当机智。在
正确答案之外能够想到这个，其精神值得大大表扬。

一位电视明星正在看自己出演的电视节目，但是他在看的节目却是现场直播的。请问这样的事情有可能发生吗?

有可能。现场直播的是他看电视的场景，而他看的电视上正好在播放现在直播的节目。

【二百名大学生的回答结果】

正确率：88%

答对者平均所需时间：2 分钟

最近的电视节目中出现了很多真人秀，以展现明星们舞台背后的趣事。因此，大部分答题者都毫不困难地答出了这道题。有人回答："他在看摄影棚内放置着的电视机（监视器）。"这个答案虽然欠缺了一些趣味性，但也可以算是正确答案。还有一些回答就不知所云了，比如"在四次元世界中就能做到""使用时间机器"等。

（6：00）报时

大家都知道，时钟的两根指针在三点和九点时恰好形成直角（90度）。那么，长针和短针在相反方向呈一直线（180度），并且短针恰好指向数字的时刻，一天之内只有两次，请问分别是几点几分？

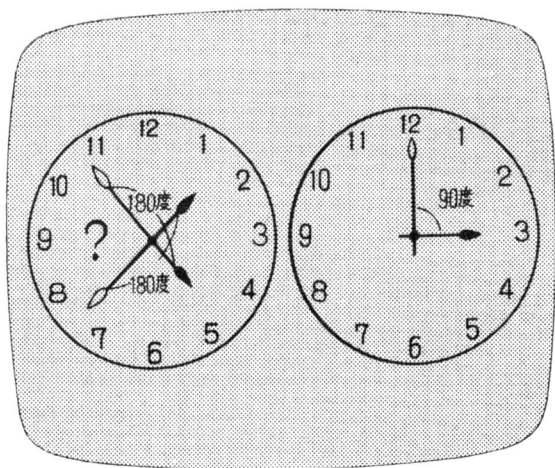

答案

上午六点和下午六点，只有这两次。

【二百名大学生的回答结果】

正确率：35%

答对者平均所需时间：5分钟

不少人困惑于"两次"这个条件，回答道："六点。还有一次不知道了。"有的人没有好好思考，就着急回答"呈直线的话，七点五分、八点十分等有很多呀"。回答"只有六点一次"的人，是忘了一天中有上午和下午之分吧？如果一天只有十二小时的话，可想而知会多么繁忙啊！说句题外话，这道题出在"六点"，但好像没有人从中获得暗示。

（6：10）《丹下左膳》①

丹下左膳站在练武场中央，一名和尚对他说了这样的话："我可以用一支毛笔围着阁下画个圈，阁下无论如何也跨不出我画的这个圈。"和尚刚提笔开始画，左膳就明白他说的是真的。

请问这个圈有什么讲究？

① 《丹下左膳》，林不忘所著的日本小说，描写独眼单手的剑客丹下左膳大显身手的故事。

答案

和尚并不是在地上画，而是围绕着左膳的腰画了一个圈。

【二百名大学生的回答结果】

正确率：25%

答对者平均所需时间：1分30秒

25%的正确率让我稍感意外，我以为这是立即就能被识破的陷阱，大多数人却没有注意到。

回答中出现了类似"被和尚的气势吓瘫了""和尚施法形成了金钟罩"等思路，这样想的人很多，他们恐怕缺少一些幽默细胞吧！这一类问题看似简单，却要求头脑具有从二维向三维转换的能力。

毒蛾怪兽现身！接到通知的奥特赛文立即冲出街头。画面中，毒蛾怪兽似乎想从林立的高楼大厦间飞下来。但是奇怪的是，奥特赛文和平时没什么不同，街上的行人和大楼里的人也很淡定。请问这是为什么？

答案

这是一只从窗外飞进来的蛾子贴在了电视机画面上。

【二百名大学生的回答结果】

正确率：20%

答对者平均所需时间：4分钟

不知道是不是受流行的怪兽电影的影响，回答"特技拍摄而已，没必要大惊小怪"的人特别多。"飞下来的时候触电死了""反正奥特赛文一定会胜利""不是飞下来，而是想飞上去"之类有意思的答案也不少。遇到这类科幻题材的题目，需要解答者有强大的想象力。挑战比正确答案更异想天开的答案，来作为创造性思维的训练也不错哟！

（6：30）泡泡假日

　　随着花生姐妹演唱的主题歌响起，无数肥皂泡泡从画面中飘出，节目开始。

　　能不能在这些泡泡之间画出一个比最大的那个泡泡面积更大的正方形？另外，能不能画出一个比最小的那个泡泡面积更小的正方形，并且正方形的四个顶点都与肥皂泡相接呢？

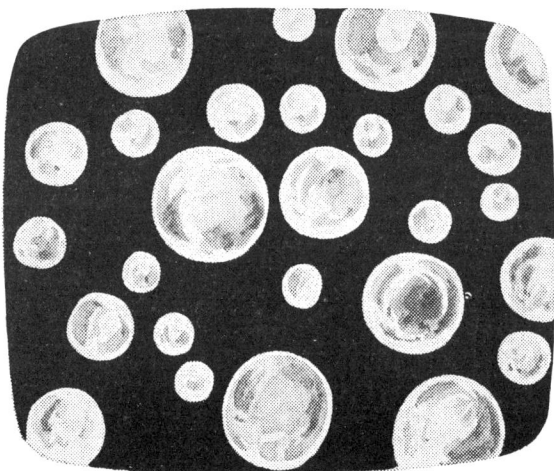

答案

都能。如图所示。

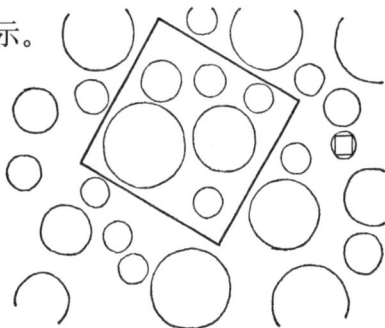

【二百名大学生的回答结果】

正确率：12%

答对者平均所需时间：5 分钟

类似"怎么可能做得到""完全不会"这样表达不满的回答比较多，而在如此多的不满声中，还有 12% 的人答对了，真厉害！

有人拼命在圆的周围画多边形而不是正方形，也有人把整个电视机的四角围了起来，这些虽然与题意稍有偏差，但也不失为精彩的想法。

能画出大正方形的人，大抵上也能画出小正方形。因为，视角的转换是解开这道题的关键。

（6：40）职业棒球赛事转播　　　问**?**题

A队的内场手①在交换防守位置时，游击手和三垒手的位置进行了互换。他们的背后印有球员号，两个人的球员号都是一位数。从电视画面上看，两个人并排站在一起的时候，是一个两位数。一名小学生将他们两个位置交换前和交换后的数字相加，得出了以下五个数字：44、68、80、101、131。请问，哪个数字是正确的？此外，两个人的球员号分别是多少？

---

① 内场手，棒球比赛中守卫内场的运动员，有一垒手、二垒手、三垒手和游击手。

答案

　　"44"是正确的。并且，游击手和三垒手背后的球员号分别为"1"和"3"。判断依据是左右两个数字交换后的两位数之和总是"11"的倍数。比如"53+35=88""21+12=33"。

　　"44"这个数字只能是由"31+13"或"22+22"得到的，因此两人的球员号分别是"1"和"3"。（由于同一个队伍中不可能出现两个2号，所以不可能是"2"和"2"。）

【二百名大学生的回答结果】

正确率：75%

答对者平均所需时间：4分钟

　　有的人用初级方程式计算；有的人把所有数字一个不漏地加一遍，试图找出一切可能性；也有的人投机取巧、胡乱猜测。虽然都找到了正确答案，但采取的方式大相径庭，这可能和答题者的性格以及擅长的方式有关吧！但是，从全体的正确率很高这一点看来，这是一道耐心思考就能获得正确答案的题。

（6：50）相声剧场

　　两名相声演员的身高体重都有较大差异。大个子总是对小个子说："你呀，实在是太小了！"小个子不服气："你才太大了呢！"但是有一天，大个子对着小个子仔细看了半天，说："实在是太大了！"而小个子却对着大个子说："这也太小了吧！"他们俩这时没有在台上表演。请问这是为什么？

答案

　　两个人互相交换了西装。大个子看着小个子穿着自己的西装，说："实在是太大了！"而小个子看着大个子穿着自己的西装，说："这也太小了吧！"

　　【二百名大学生的回答结果】

　　正确率：35%

　　答对者平均所需时间：4分钟

　　有的人完全不明白问题的意思，回答"两个人的名字叫反了吧"或"不确定谁是大个子谁是小个子，只有亲眼看到才知道"。

　　从总体来说，答对率一般。还有人无视原题，擅自改了题目，回答道："不是'大'和'小'，是'多'和'少'吧？说的是他们的发量。"虽然不是正确答案，但是这样的人很有幽默的潜质呢！

如图所示的旋涡状的停车场发生了火灾，每个人都争先恐后地要把自己的车开出去，场面极度混乱。但是，停在旋涡最中心的车却最早开了出去，请问这可能吗？

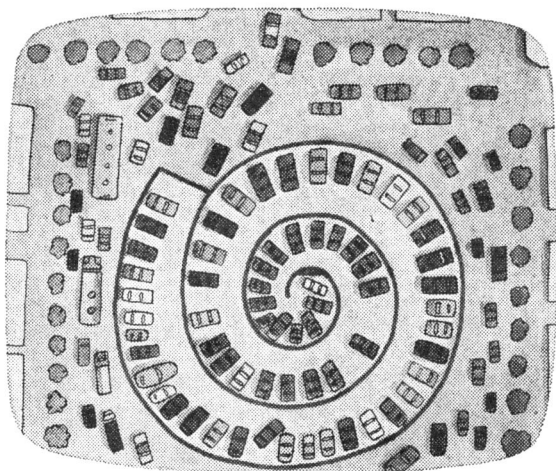

可能。旋涡状的停车场如图所示。

【二百名大学生的回答结果】

正确率: 28%

答对者平均所需时间: 2分钟

大多数回答类似于"考虑到万一可能发生的情况,在最里面的地方设置了紧急出口""这辆车的司机最早发现了火灾""其他车的司机都不在"等。与此相对,"其他车都烧坏了,所以这辆车能最早开出来",这样回答的人,恐怕是持有破坏性思维方式的人吧!

（7：10）《惊魂斯玛特》 问?题

一天早上，斯玛特收到一封未拆封的信，他大吃一惊。封口处封得严严实实，信封上的邮戳显示信是两天以前发出的，但是信封里装着的报纸却是今天的。如果不是使用时间机器到达了未来的世界，这应该是不可能的事情吧？斯玛特拼命想啊想，终于解开了这个谜。请问，这是怎么回事？

答案

寄出这封信的人，首先在信封的收件处用铅笔淡淡地写下自己的地址然后寄出。这样，第二天，这封信就带着邮戳回到了他自己手里。然后，他把铅笔写的收信地址擦掉，用钢笔写下斯玛特的收信地址。翌日，将早报装入信封，封好口，直接投递到斯玛特家的收件箱里。这是推理小说中的一个知名桥段。

- 【二百名大学生的回答结果】
- 正确率: 78%
- 答对者平均所需时间: 3 分钟
- "邮局职员盖错邮戳了""这是邮局职员的恶作剧"，这样的回答比较多。有两三个人回答"巧妙运用了日期变更线"，但是也没能说明清楚到底怎么做到的。也有"不是对外发行的报纸，所以事先印刷好了""是星期日特刊，两天之前就印好了"之类的回答，虽然称不上绝妙，却充满了时代感。

茶室的天花板上装了三个电灯泡，为了让它们各自可以点亮或熄灭，布线如图所示。但是，左边两个开关出现了故障，无法使用了。在不更换新材料的条件下，要让全部灯泡可以各自点亮或熄灭，该怎么做？（不允许重新接线来替代开关。）

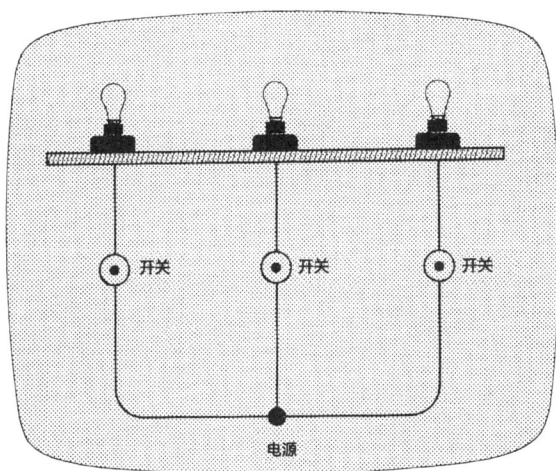

很简单。把坏的开关接着的两个灯泡（图中
"×"标记）拧松，就能自由实现灯泡的点亮或熄
灭了。

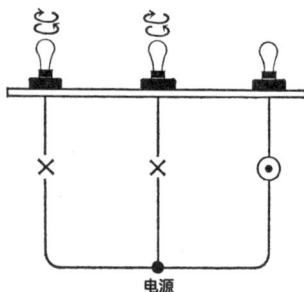

电源

【二百名大学生的回答结果】

正确率：45%

答对者平均所需时间：2 分钟

这道问题的解答者分成了完全不同的两派：一派全方
位调动自己所知的所有关于电的知识，试图进行复杂的布
线；另一派则从一开始就抛开电学知识来思考解决的办法。
答出正确答案的，毋庸置疑，多为后者。一眼看上去好像
需要专业知识的问题，却意外地用谁都会的办法就能解决，
这是智力问答题的有趣之处。将灯泡拧松使之熄灭的体验，
想必谁都有过吧？

电视上正在实况转播著名画家 A 的作画过程。突然，画中的窗开了，从里面探出一个人来，请问这样的事情可能吗？

可能。如图所示，这名画家在墙壁上画壁画，墙上的窗户原封不动地成了他画中的窗户。

【二百名大学生的回答结果】

正确率：20%

答对者平均所需时间：3分钟

回答"他画了一扇人脸从窗户中出现的开着的窗户"的人比较多，约占全体的10%。也有的人回答："不是实况转播作画的过程，画家作弊了。"与之相对，有的回答是："还在制作过程中就用电视实况转播，那么作品一定是大的壁画之类"。这样的答案就对了。还有人回答"画的是戏剧的舞台装置"，这也可以算作正确答案。

今天的主题是"将计就计"。T一个人居住在东京中野区，他的家里被小偷光顾了好几次，于是，他下决心要改造一下玄关处的移门。如图所示，他在门槛处钉下结实的铁钉，即使小偷来了也打不开门。但是，T自己不用拔掉铁钉就能轻松出入。这是利用了对方的心理将计就计的极好例子，请问，门的奥秘在哪儿？

答案

T对移门做了如图所示的改造，即右边的门向右开，左边的门向左开。打破了人们一般认为的左边的门向右开，右边的门向左开的常识。

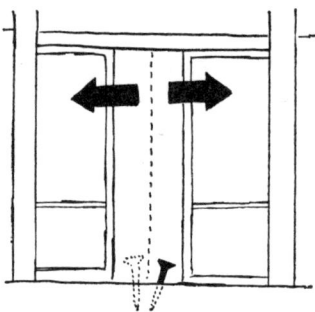

- **【二百名大学生的回答结果】**
- 正确率：4%
- 答对者平均所需时间：5分钟
- 多数人的回答是："看上去是移门，其实是推门。"但是现实中，因为门槛是有横槽的，如果是推门的话，门打不开。"在门上挖一个正好让铁钉通过的沟槽"，这也不失为一个创意，但是这样的话，平时门上就会留有这个痕迹了。因此，运用《来锻炼脑筋吧》中提到的设问法思考"反过来的话会怎么样"的人，就能想到正确答案。

（7：40）落语^①鉴赏会 　　　　　　　　问<big>?</big>题

感谢大家的笑声！在横町，有一家名为"什么都有店"的店，在那里可以借到任何东西，小到一双筷子，大到一间房子。有一天，大杂院的房东叫来与太郎，让他去"什么都有店"借一样东西。不一会儿，与太郎回来了，报告说："只有这一样东西，是'什么都有店'没有的，掌柜的还出来道歉了呢！"房东微笑着点点头。那么，房东要借的是什么东西呢？

---

① 落语，日本大众曲艺之一，由"小咄"（小笑话）发展而成的日本独特的说话艺术。

答案

　　房东对与太郎说的是："既然他们什么都有，那你就跟他说，要借一个'什么都有店'没有的东西。"如果掌柜的回答"有"，并且拿出了那样东西，那就不是"'什么都有'店"。

【二百名大学生的回答结果】

正确率：15%

答对者平均所需时间：4 分钟

　　这道题是悖论的一种，注意到这一点，这道题应该很简单，但答对的人却意外的少。有人的回答有些"精神主义"："不是物质方面的东西，而是精神方面的，比如爱、热情之类。"有人回答："如果'什么都有店'里有它没有的东西，那'什么都有店'就是名不符实的，所以到底是什么呢?"这样的人已经在通往正确答案的道路上了，却没有追究到底。还有的直接回答："不知道，放弃!"这就相当于直接无条件投降了。也有人的回答没什么道理可言："与太郎[1]那么蠢，为什么要特地让他去办事呢? 这才可疑吧!"

---

[1] 与太郎一般是日本语言表演中头脑糊涂的人的名字。

有一个认真的老太太，她家的隔壁建起了一栋房子。那栋房子的外墙超出了规定的用地范围，房主涉嫌违法。老太太怒了，几次把写有"违法建筑"的字条贴在墙壁上或用油漆写在墙上，但第二天不是字条被撕了，就是油漆写的字迹被擦得干干净净。于是老太太心生一计，她把这几个字牢牢地映在了墙上，无论怎样都覆盖不掉。那么，老太太想出了什么办法呢？

答案

老太太从自己家里用强光幻灯机将"违法建筑"这几个字投影在墙面上。这样，除非把墙推倒，否则无论怎么也覆盖不掉那几个字。

【二百名大学生的回答结果】

正确率：10%

答对者平均所需时间：5分钟

回答"刻在墙壁上""用擦不掉的油漆写"的人不少，但是，刻上去的可以刮掉，擦不掉的油漆上再覆盖一层油漆，字迹也能被消除。

"用幻灯之类的就无法消除了，但是怎么把文字打上去呢？"有的人虽然想到了正确答案，但还是没有完全消除疑问。回答这样的问题，不仅要想出正确的答案，还要尽可能挑战所有的可能性，这样才能对开发创造力起到作用。

（7：50）《糊涂老爸》

糊涂老爸一大早元气满满地上班去了。儿子太郎发现父亲又落下了东西，于是立刻出门去追。但是好像想起了什么似的，又向父亲上班的相反方向跑去。那儿不是条近道。请问这是怎么回事？

答案

　　太郎为了追上父亲，去取放在家里院子角落的自行车。

【二百名大学生的回答结果】

正确率：25%

答对者平均所需时间：5分钟

　　因为是智力题，所以看起来奇奇怪怪的行为或者现象，只要能说得通就可以。比如回答："附近有公交车站，父亲坐公交车去上班。因此，太郎追去下一站等。"或者："糊涂老爸没睡醒，走反了。太郎不知道，往他平时走的方向追去。"类似的回答都没错。

太郎谈成了一笔生意，要向正在休假中的部长报告，于是他往部长家打电话。但是，电话一直占线。"唉，还在煲电话粥呀，真是悠闲的部长！"太郎一边敲击着桌子一边发牢骚。电话好不容易接通了，电话里冷不防传来一句："喂，我可不是什么悠闲的部长哟！"太郎为此吓了一跳。

请问这可能吗？

答案

可能。太郎给部长家打电话的时候，邻座的 A 正在与部长通电话。太郎不知道他发牢骚的话通过 A 的电话传到了部长耳朵里。

【二百名大学生的回答结果】

正确率：10%

答对者平均所需时间：2 分钟

"太郎平时就称部长为'悠闲的部长'，所以没什么奇怪的。""电话机故障了。""这不可能。"以上几种回答是最多的。另外，"那部电话和部长家的电话是子母机"或者"太郎旁边装着窃听器，太郎的话传到了部长耳朵里"等推理爱好者的回答也不少。

（8：10）《三姐妹》

小群、小盈和小雪是三姐妹。有一天，一个奇怪的行人出现在他们面前，说了以下的话："小群和小盈是姐妹，小盈和小雪是姐妹，这都没错。但是，小群和小雪却不是姐妹。那是怎么回事呢？"如果是你的话，你怎么考虑？

```
  1      2      3      4
  女     男     女     男
  └──┬──┘└──┬──┘└──┬──┘
     │       │       │
    小       小      小
    群       盈      雪
```

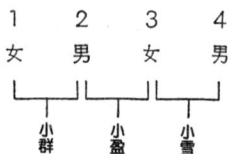

如图所示，"1"至"4"的四人是三姐妹的父亲或母亲。"2"先和"1"生了小群，随后离婚，与"3"结婚，生了小盈。"3"生了小盈之后，又离婚与"4"结婚，生了小雪。小群和小盈都是"2"的孩子，当然是姐妹。小盈和小雪都是"3"的孩子，也是姐妹。但是，小群和小雪却没有血缘关系。

【二百名大学生的回答结果】

正确率：20%

答对者平均所需时间：4分钟

出现最多的回答是"小群和小盈的弟弟娶了小雪，所以她们不是亲姐妹而是姑嫂"。小群的父亲和小雪的母亲各自是带着女儿再婚的，随后生下了小盈，这样的答案也很多，这也是正确答案。离婚后，母亲带着孩子再婚的情况比较多，因此父亲带着孩子再婚成了思维的死角。"这不可能！题目一开始不就写了'三姐妹'吗？"至于这样单纯直接的回答，我也只能甘拜下风了。

（8：15）新节目：头脑体操　　问?题

如图所示，有一个带有隔断的平放着的三角形盒子，每个格子里有一颗珠子。现在，三颗珠子集中在中央，能不能不用手触碰珠子，让它们各自移动到三角形的角落（顶点处）？实际操作一下就能得出答案，但是请你尽量在头脑里完成这一过程。

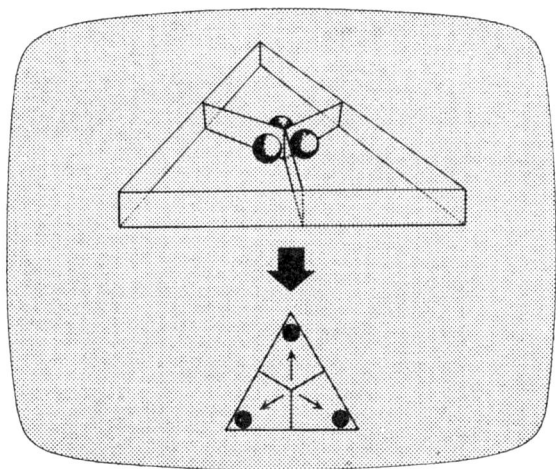

答案

　　将盒子平放，以三块隔断的交会处为中心，将盒子转动起来即可。由于受到离心力的作用，三颗珠子会各自向顶点移动。在转动盒子的时候，不要将盒子拿在手上，将它平放在桌子上就可以。如果采用倾斜盒子使珠子移动的方法，无法使三个珠子全部移到顶点。

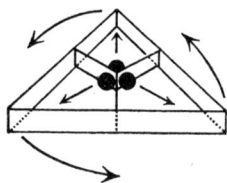

　　【二百名大学生的回答结果】

　　正确率：88%

　　答对者平均所需时间：6 分钟

　　问题中没有写珠子是铁的，但是误答"用磁铁吸"的人相当多。其次，单纯回答"转动"的话似乎也能答对，但是如果拿在手中转动的话，是达不到所要求的效果的，因此最终也没有归入正确答案的范畴。没有盖子的情况下，"从中央向四周吹气"这样的答案反而应该算作正确答案。这道题的出题灵感来自中国香港制造的一种四颗珠子的玩具。

军官桑达斯带着他的队伍从 A 国跨过国境线来到 B 国，沿着与国境线垂直的方向走了 100 千米，到了一户民宅。民宅里有一位老人，说了以下的话："大家都走累了吧？我即使是现在这个年纪，也要每天徒步跨过国境线，在家和 A 国之间来回好几次呢！"

老人并非有超乎常人的脚力，那么这样的事情可能吗？

答案

可能。比如说，A 国和 B 国的国境线如下图所示的那样。

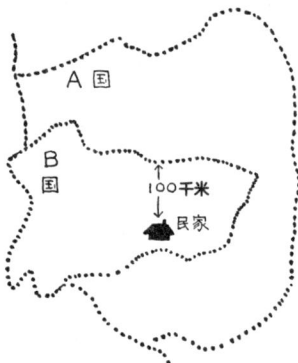

【二百名大学生的回答结果】

正确率：34%

答对者平均所需时间：2 分钟

老人没有超乎常人的脚力，一天中要在家与国境线之间往返好几次不是什么普通的事。"他在卡车上走路"，这样的联想未免有些勉强。"有其他近道"，从这个方向思考的话合情合理，最终一定能想到正确答案。很多人没有注意到问题中明确写着"沿着与国境线垂直的方向"，认为队伍是沿着国境线走了 100 千米，这让我很意外。

（8：30）《欲哭无泪》

问?题

有一个脾气执拗的顽固的老头儿，拿着一个四边形的窗框去找木匠。

"这扇窗太亮了，我想让它的面积缩小一半。但是，窗框的长和宽不能裁短。当然，也不能简单地把一半窗子遮盖起来。"

木匠接到这个任务，简直欲哭无泪，没办法，他拼命想啊想，终于把这个难题解决了。请问木匠想出了什么办法？

如图所示。平行四边形（含正方形和长方形）在不改变边长的情况下，想要让面积成为原来的一半，很简单，只要把平行四边形的高缩短一半就可以。

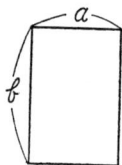

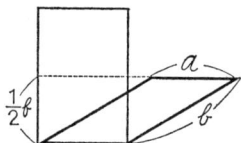

● 【二百名大学生的回答结果】

● 正确率：22%

● 答对者平均所需时间：3 分钟

● "太亮的话，用窗帘遮一下就可以了嘛！这样的问题至于这么复杂吗？"有的人的回答就是这么简单粗暴。如图所示，竖边不动，挪动上下两条窗框，使之面积减半（反之亦可），以及将窗框重叠形成三角形等回答，看得出也是下了一番功夫思考的。但是，回答出平行四边形的正确答案的人意外的少，真是可惜。

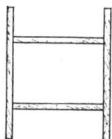

　　矶村君是个非常疼爱妻子的人。最近，他又迷上了魔术，经常让妻子看得目瞪口呆。今天也是，他给妻子买了一个戒指。他说他可以在不解开绳子的情况下把戒指取下来。请问他是怎么做到的？

答案

(1)

如图所示，将绳子绕在手指上，左右拉一下，就可将戒指取下。

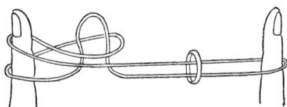

(2)

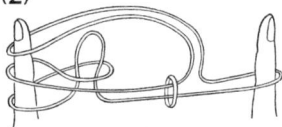

【二百名大学生的回答结果】

正确率：0%

即使是实际操作，也是相当难的，更别说在纸上单纯靠想象了。对付绳子，无非就是"解开"和"系上"两种处理方法，既然不准"解开"，那只剩下"系上"这一种可能了。遗憾的是，没有人注意到这一点。但是，我注意到有这样的回答："如果这个手指是妻子的，那只要把戒指直接套上去就可以。"还有更进一步的回答："事先在戒指和手指间的绳子上留出缝隙，就能取出来。"（留缝隙与解开差不多是同一个意思，所以是违反规则的。）类似的回答也算是下了一番功夫思考了的。

　　海螺小姐要胜男和若芽之中的一个人帮她干活。但是，两个人都不愿意，吵了起来。于是，海螺小姐想了个办法，她拿出 1 个 100 日元的硬币和 15 个 10 日元的硬币，两个人轮流取走若干个，最后谁拿到 100 日元的硬币，谁就帮她干活。一次取走的硬币数不能超过 3 个。为了不拿到那个 100 日元的硬币，该怎么做？

只要让剩下的硬币数为 13 个、9 个、5 个就可以。例如，如果是先手的话，先取走 3 个，无论对方怎么取，都可在剩余 9 个的时候让对方取。然后，取走若干个让剩余数为 5 个，这样到最后，就能取走最后一个 10 日元的硬币，把 100 日元的留给对方。

【二百名大学生的回答结果】

正确率: 24%

答对者平均所需时间: 4 分钟

我以为大家会在纸上写写画画，结果意外发现用试错法来解这道题的人很多。也就是说，很多人通过实际操作，在这样那样的尝试中，试图找出其规律性。

这道题最后的目的是要将 100 日元留给对方。反推上去，之前的那一步呢? 继续反推，再之前的那一步呢? 只要这样思考就可以。这样想的人，几乎很快就能找出正确答案。

从前，在一座小乡村里，有个老实的樵夫。有一天，他带着4根绳子进山砍柴，共砍了9根柴火，每根绳子只能把奇数根的柴火捆成一捆，请问他怎么把这些柴火都带回家？

答案

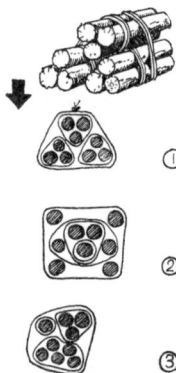

如左图①所示。用3根绳子，每根绳子将3根柴火捆成一捆，剩下的那根绳子把3捆柴火绑在一起。也有人考虑用②③两种方式，但是，用一根绳子捆一根柴火，要称之为"一捆"好像有点儿勉强，因此还是将①作为正确答案。

【二百名大学生的回答结果】

正确率：12%

答对者平均所需时间：3分钟

为了让每一捆柴是奇数，首先会考虑将"9"分成4个奇数。比较多的是："1、1、3、3"和"1、1、1、5"，探索四个奇数之和为9的思考过程还留在纸上。

在这样那样的探索过程中，似乎正确答案就呼之欲出了，但是如果想不到将已经成捆的柴火再用另外一根绳子捆起来，还是找不到正确答案，所以正确答案率偏低。

　　东京的丸之内一带大楼林立。某栋大楼要进行外墙装修，要把大楼外墙重新粉刷一遍。有两名工人，一名负责粉刷外墙，另一名负责在屋顶上吊绞车。负责吊绞车的工人，为了避免外墙粉刷时颜色深浅不均，始终以匀速操作绞车。那么，他这样做真的有用吗？

答案

没有用，因为越往上涂得越薄。

绞车是用铁丝吊着的，越往上，铁丝卷的半径就越大。而屋顶的那名工人没有注意到这一点。也就是说，越靠近屋顶，操作台的上升速度就会越快。

【二百名大学生的回答结果】

正确率：26%

答对者平均所需时间：3分钟

有的回答否定问题本身："即使绞车能匀速卷起绳子，人的手在操作的时候也未必那么精确吧？"有的回答对操作台上的工人的水平提出了质疑："即使是以一定速度向上，如果粉刷工人的水平有问题，涂得深深浅浅也是很自然的事。"也有的学生这么回答："现在不会用这样的方法粉刷外墙了，现在都是在外立面直接搭上脚手架。"并且还用图描述了该工程的操作方式。我仔细一看，原来是建筑系的学生。果然，专业人士就是专业人士呀！

（9：10）《结婚志愿》

　　一对年轻男女坐在长椅上，正在愉快地交谈。A夫人看到他们，说："他们是最近刚刚结婚的吧?"B夫人前去问了他们一下，男的说女的不是他妻子，女的说男的不是她丈夫。但是，A夫人说的也是事实，两个人又没有离婚，那么这到底是怎么回事呢?

答案

　　看上去关系很好的两个人其实是兄妹。两个人最近各自结婚了。

　　【二百名大学生的回答结果】

　　正确率：45%

　　答对者平均所需时间：3分钟

　　当然，不必像答案所写的那样，两个人一定要是兄妹关系，只要想到两个人分别是和别人结婚的，都算是正确答案。有的回答十分纯情："两个人刚结婚，还害羞不好意思承认呢。"有的回答不容易理解："两个人还仅仅是情侣。"也有的回答回避了问题："因为 B 夫人是个讨厌的人，所以两个人都在说谎。"虽然答案多种多样，但是从整体来说，正确率比较高。如果不受先入为主的观念支配的话，正确答案很容易就能想到。

（9：15）《拳击手》

为了参加今天的比赛，拳击手 K 努力减肥。上秤一称，指针还是向零的方向挪动了一点点的。可他的教练抱怨道，可能是 K 还不够努力，所以体重一点儿都没减下来。请问这是怎么回事？

如图所示，秤的
指针快转了一圈了。
体重增加的话，当然
指针离零更近。

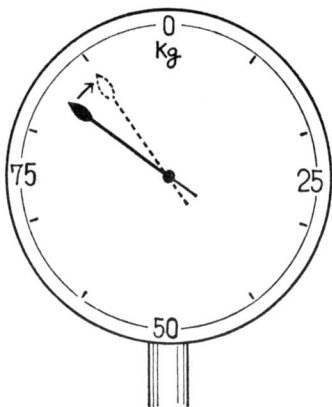

【二百名大学生的回答结果】

正确率：60%

答对者平均所需时间：2分钟

　　这不是一道具有逻辑必然性的问题，作为一个笑话来
看比较好。但是，即使是笑话，也希望具有一定说服力。
比较多的回答有以下这些，至于对不对，就交给读者判断
了。"教练是从镜子里看秤的读数的"，"教练为了让他尽快
把体重减下来，故意说得比较夸张"，"拳击选手总是在没
吃饭或者上完厕所以后去称体重"（他的意思是，拳击手的
小心思被教练看破了）。

（9：20）《七个警察》

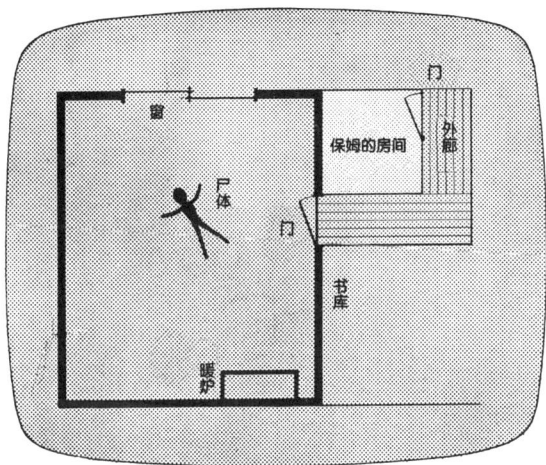

窗
门
保姆的房间
外面
尸体
门
书库
暖炉

某户人家发生了室内杀人案件，赶到现场的警察询问了在这户人家做保姆的人。她是此案的目击者。

"我听到房间里好像有什么动静，所以想出去看看。因为害怕，我先从门上的猫眼向里看去，只见一个男的在左边的暖炉边烧毁什么东西，然后他横穿房间从窗户逃走了。"

但是，警察立刻发现了保姆话中的破绽。请问为什么？

就一般门的厚度来说，从上面的猫眼向内看去的视野是很狭窄的，要通过猫眼从房间的一端看到另一端，几乎是不可能的。从这一点上，警察判断保姆的话不可信。

【二百名大学生的回答结果】

正确率：85%

答对者平均所需时间：3分钟

"嘴里说着'害怕'，却从猫眼里看见了尸体，然后还看着犯人从暖炉跑到窗口，挺从容的嘛！"这么回答的人很有怀疑精神。"应该能看得到房间的角落吧?"这是带着好意揣测保姆的人的回答。答案五花八门，不过从整体上说，这道题的正确率相当高，可能是因为猫眼这个东西在日常生活中很常见吧！如果是通过很薄的铁皮门上的猫眼来看的话，结果可就不一样了。

（9：30）《保镖》

　　来自英国德比的名马"迅捷号"终于到达了日本。抵达神户港之后，它被转移到了货运列车上，将被送往东京。由于马是花了数千万日元的大价钱买的，以防万一，由三名保镖乘坐同一列车，负责护送。但是，当列车到达东京的时候，名马还是被盗了。保镖始终和马在一起，请问这到底是怎么回事？

答案

名马所在的这一节车厢——即连同保镖一起——在运送的途中被大型盗窃集团从整节列车上卸了下来，一起被偷走了。

【二百名大学生的回答结果】

正确率：12%

答对者平均所需时间：1分钟

"保镖监守自盗"这样的回答占压倒性多数。此外，还有"在出发地就被掉包了""保镖弄错了，护送了其他马匹""虽然保镖和马在一起，但是对于被偷也无能为力"等各种富有想象力的回答。正确答案是在美国的侦探电影或匪帮电影中经常出现的片段，说不定在日本也发生过这样大手笔的盗窃案件呢！

在八十七分局的审讯室里。

犯人："够了！别装了！"

警察："已经三个多小时了呀！"

犯人："把你知道的都说出来吧。"

警察："我真的什么都不知道。"

犯人："别以为我不知道你是装的。"

警察："能给我一支烟吗?"

犯人："真拿你没办法。给!"

警察："点火!"

犯人："别得寸近尺！自己点!"

这时的电视台中骚动不止，请问是为什么。

答案

画面和声音不同步，犯人和警察说的话完全错位了。

【二百名大学生的回答结果】

正确率：89%

答对者平均所需时间：2分钟

有很多人是这么回答的："演员一开始没有注意到台词部分的错误，就这么读下去了。等把台词全部读完，知道了对话的主旨之后，在重读时突然发现了问题所在，所以笑了起来。"

作为智力问答题，这绝不是一道很难的问题。但是从巧妙利用了人心理上的死角这一点来说，这道题堪称优秀。

如图所示，门罗家的牧场里有一个用十六根栅栏围成的牛棚。只移动其中的五根，使栅栏围成的面积缩小一半，请问该怎么做？当然，十六根栅栏要全部用到。

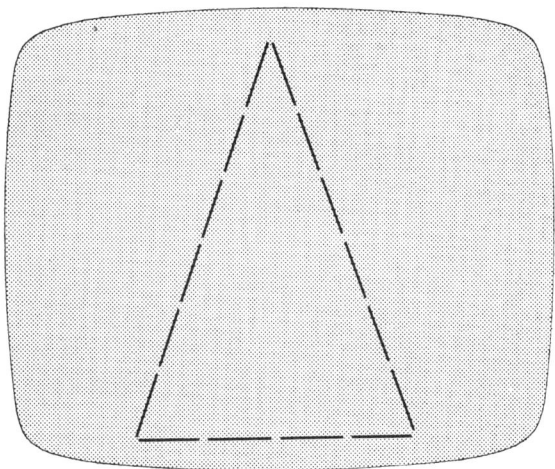

如图所示。围出两块原有土地面积四分之一的土地，是解答本题的关键。

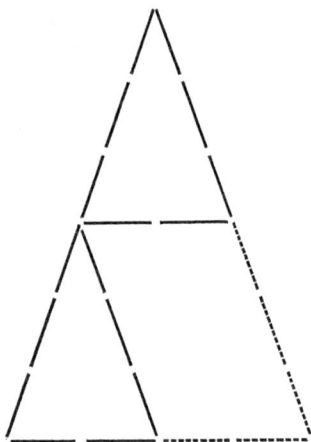

【二百名大学生的回答结果】

正确率: 22%

答对者平均所需时间: 5 分钟

有大约五分之一的人答对了这道题。其余的答案中，有把两根栅栏重叠的，也有只用了十五根栅栏的，这些都算是作弊哟！还有的人擅自把栅栏折弯，搭出奇怪形状。最奇妙的答案是如图所示将一个三角形颠倒，但是这样做的话，无论如何好像都要移动八根才行。

深夜，在一栋公寓里发生了手枪杀人事件。赶到现场的特别机动搜查队立刻让法医对受害人进行尸检。法医发现弹头穿过心脏，留下了伤痕，但是背后却没有子弹穿出的痕迹。照这么说，子弹应该还留在体内，可奇怪的是，在受害者的体内也没有找到子弹。请问，这样的事情可能吗？

答案

可能，子弹是用冰或岩盐之类的东西做成的。这是推理小说常用的桥段，冰或盐在人的体内溶解，所以没有留下证据。

【二百名大学生的回答结果】

正确率：88%

答对者平均所需时间：2 分钟

通过这样的问题，可以窥探出人们丰富多样的想象力，很有意思。除了正确答案以外，在此列举一些其他有意思的回答。"子弹从人体本身就有的孔中穿出。""子弹做得足够小，在击中心脏时，由于摩擦力的作用，就不见了。""撞到了骨头，从射进去的洞口又弹出来了。""犯人和法医串通好了（即法医在说谎）。""如果是我的话，为了不留下证据，我会把子弹从体内取出，然后逃走。"

（10：15）《阿普》

阿普要与詹姆斯兄弟进行对决。大詹姆斯与阿普面对面，当俩人之间的距离接近二十步时，小詹姆斯悄无声息地出现在阿普背后。小詹姆斯与阿普的距离并没有近到能让阿普感觉到身后有人，周围也没有镜子、玻璃等能让阿普看到身后有人的东西。当然，阿普应该也没有听到脚步声。但是阿普迅速转身，攻击了小詹姆斯。请问阿普为什么能感受到小詹姆斯的存在？

答案

阿普与大詹姆斯面对面的时候，双方都是全神贯注地注视对方的。因此，当小詹姆斯出现在阿普身后的时候，阿普能看到大詹姆斯视线的转移。

【二百名大学生的回答结果】

正确率: 15%

答对者平均所需时间: 3 分钟

"不知道答案，但是接下来怎么样了呀？阿普击中小詹姆斯的一瞬间，是不是也被大詹姆斯击中了？"有的人关心的是其他事情，完全没有回答问题。也有很多人设身处地地体会阿普的感受，给出"小詹姆斯发出了喊声""阿普感觉到了空气的振动"等回答，但真正注意到视线转移的人很少。

终于到了宿命的对决之时！桔梗锐之介与其宿敌薄田主膳刀剑出鞘！可是，锐之介拔出的刀，却不知道什么时候被敌人偷偷换成了竹刀。恰在此时，天空响起一声惊雷，一道闪电从空中划过，现出一道凛冽的白光。

那么，这场对决胜负如何？

答案

闪电过后，薄田主膳的刀被雷劈中，死了。而桔梗锐之介因为拿的是竹刀，安然无事。

【二百名大学生的回答结果】

正确率：80%

答对者平均所需时间：1分钟

这道题很适合青少年来回答，果然，不愧是大学生，大部分人都答对了。也有人回答主膳胜了，我从中挑了几个有意思的回答，给大家看看。"雷落下的地方没有看出青白色，周围像是赤黄色。因此，主膳的刀没有被雷击中。""通常的思维是，雷劈落了主膳的刀，剧终。但是这样一点儿都不好玩儿，所以锐之介死，剧终！"

（10：45）《世间不可思议的故事》　　问 **?** 题

　　《来锻炼脑筋吧》中有一道题，问的是某个男子可不可能与他的遗孀的姐妹结婚。答案是不可能。因为所谓遗孀，是指他死了以后，对他的妻子的称呼。

　　但是，事实上，这样的事情的确发生了。这看起来好像是不可思议的事情，当然，也不是和幽灵结婚之类的灵异故事。

　　那么，这到底是怎么回事呢？

答案

　　这名男子首先和 A 女子结婚。但是，A 没多久就死了，于是男子和 A 的妹妹 B 结婚。但是，这一次没过多久，男子死了。于是，B 当然成了遗孀。因为 A 和 B 是姐妹，并且，A 是 B 的姐姐。也就是说，男子与遗孀的姐姐结过婚。

【二百名大学生的回答结果】

正确率：1%

答对者平均所需时间：6 分钟

　　"以为丈夫死了，于是妻子再婚，结果丈夫又活过来了，和妻子的妹妹结婚了。"这样的回答占据了大多数。另外，"重婚""和幽灵结婚""那个男子和丈夫不是同一个人"等超出常识的回答也很多，这都显示了答题者多样的推理力和想象力。

　　当然，回答这样的问题时，如果首先想到的是"遗孀"，然后再想"遗孀"的姐妹和男子结婚，就会陷入解不开的死循环。对现象进行追根溯源的思考，尝试发现新的意义，这很重要。

爱好读书的 N 接连不断地把书买回家里，但是来不及看的书越积越多。在一张长宽均为一米的桌子上，如图所示大小的书本要放一百本。如果书本的高度最高不能超过桌面二十厘米，桌子上能放得下一百本书吗？

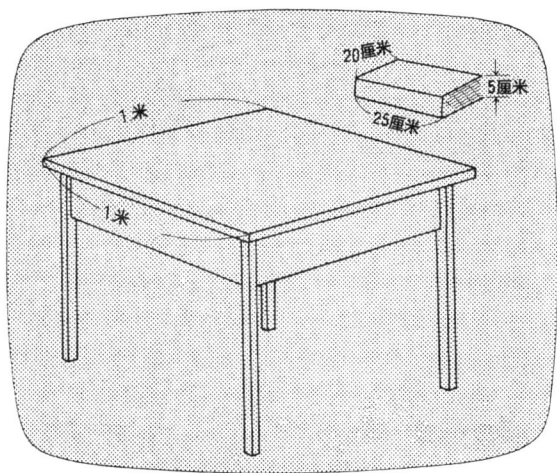

答案

可以。如图所示，从下往上，分别放置二十本、三十本、三十本和二十本。

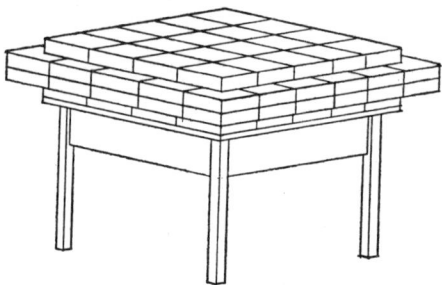

【二百名大学生的回答结果】

正确率：16%

答对者平均所需时间：6分钟

贸然认为"只要将书脊放在桌面上就可以"的人，无论怎么计算，最多也只能放下八十本书。希望读者们能冷静地思考。回答从下往上分别放置三十本、三十本、二十本和二十本的人，当然也是正确的。但是，从下往上放置二十本、二十本、三十本和三十本的话，如果实际操作一下，就会发现无论如何小心地放置，书本都会掉落下来，所以不算正确答案。"为什么高度一定不能超过二十厘米呀？"光顾着这么发牢骚的人也是有的。

今天绝技大比拼的表演者是作家T。如图所示，有十六个黑白相间的格子，T用剪刀只剪了一刀，便将黑白格各自分开。那么，他是怎么做到的呢？

答案

按如图所示的顺序折起，最后延⑤所示的虚线用剪刀剪开。（此外，还有其他方法。）

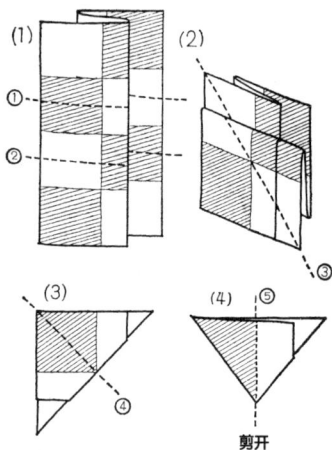

(1)

(2)

(3)

(4)

剪开

【二百名大学生的回答结果】

正确率：0.5%

答对者平均所需时间：20分钟

正确率为0.5%，也就是说，在二百人中，只有一人回答正确。这个人似乎是把其他问题都抛开，专攻这一道题。虽然回答正确，但是没时间思考其他问题了。

从思考的思路上来说，只要想到把白色的部分和黑色的部分在折叠的时候完全分开就可以。除了答案公布的这种方法以外，还有其他办法。受篇幅所限，无法一一介绍，请读者们自行思考吧。

（11：30）绝技大比拼（2）

今天绝艺大比拼的另一个节目由演员S带来。他说："有一个直径为4.6厘米的高尔夫球和一个各边长均为4厘米的立方体木块。木块上能开出一个让高尔夫球轻易穿过去的洞吗？"大家都觉得不可能，可是S做到了。请问，这可能吗？

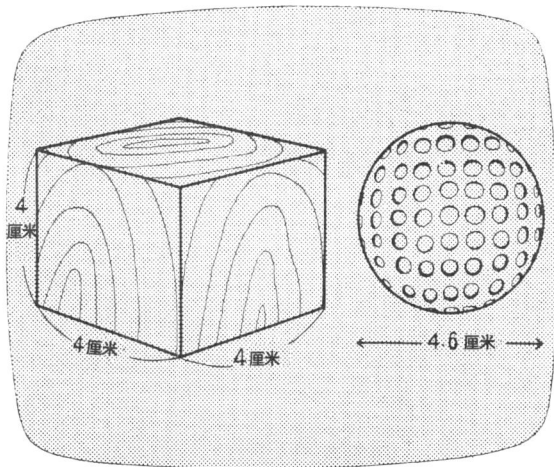

可能。如图所示，将立方体从看上去是六边形的角度开一个等同于高尔夫球直径的洞。

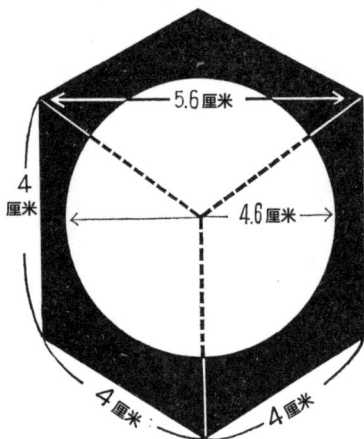

【二百名大学生的回答结果】

正确率：8%

答对者平均所需时间：5分钟

"不可能。那6毫米无论如何都挤不出来。"给出这样答案的人很多，没有回答就交了白卷的人，应该也是出于这样的想法吧！"木块是用魔芋一类柔软的材料做的吧？如果那样的话，即使洞比较小，也能想办法让球从中穿过。"这样的回答，也算是绞尽脑汁了吧。还有人回答："我认为问题出错了，是想让木块从球中穿过，但是那样好像也做不到吧？"这样的回答已经相当接近问题的本质了，可惜，没有答对。

（11：45）汽车讲座（1）

有一辆装载轿车的卡车，现在，它满载着轿车，重量为10吨，要从一座桥上开过。桥的最大承重量为8吨，如果超重的话，桥会坍塌。可是，这辆卡车却以正常的速度从桥上通过了。请问这可能吗？

可能。如图所示，这辆车的前轮和后轮之间的间隔超出了桥的长度。这样，压在桥面上的重量，没有超过8吨。

- 　　【二百名大学生的回答结果】
- 　正确率：62%
- 　答对者平均所需时间：5分钟
-
- 　"加速，在桥坍塌之前通过。"这样的答案意外的多，果然是年轻人的想法——有冲劲，但不顾后果。其次多的答案是"将一部分货物卸下来，拖在车后"。这虽然也不失为一个主意，但是与题目中的"以正常的速度通过"不符，所以不能作为正确答案。
- 　　一个体重超过100千克的人，可以使用两个100千克的秤，用双腿分开的方式称重，就是运用了这道题的原理。

（0∶00）汽车讲座（2）

今天的节目是路面练习的注意事项。这应该是日本广播协会的节目，所以按理说不会出现任何广告的元素，但为什么会出现下面这样的有加油站标签的画面？

答案

这个人是从加油站的窗户外面看休息室里的电视机，所以窗户上贴着的加油站的标签和电视机的画面重合了。

【二百名大学生的回答结果】

正确率：20%

答对者平均所需时间：3 分钟

占据压倒性多数的回答有"拍摄到了驾校里竖着的广告牌"和"这是贴在电视机屏幕上的广告纸"这两种。前者，虽然广告牌在拍摄的时候经常入镜，但是不太可能像图中显示的那么清晰。后者是和 6：20 的那道题运用了同样的解题思路。并非在加油站外看才能算正确答案，只要想到是贴在电视机前面的标签，都可以算作正确。

（0：30）高尔夫技巧

如图所示，有一片迷宫一样的高尔夫球场。A每一次击打时，小球都直线飞出50码。那么在直线距离为250码的这个球场中，A需要击打几杆才能让小球上果岭呢？斜线的部分是池塘、小树林等障碍物，球不能进去。

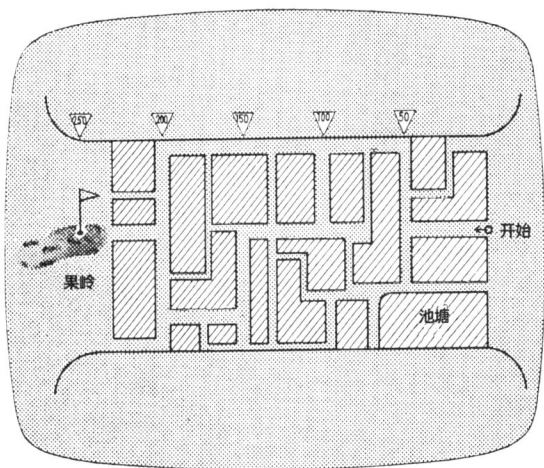

答案

7杆。路线如图所示。

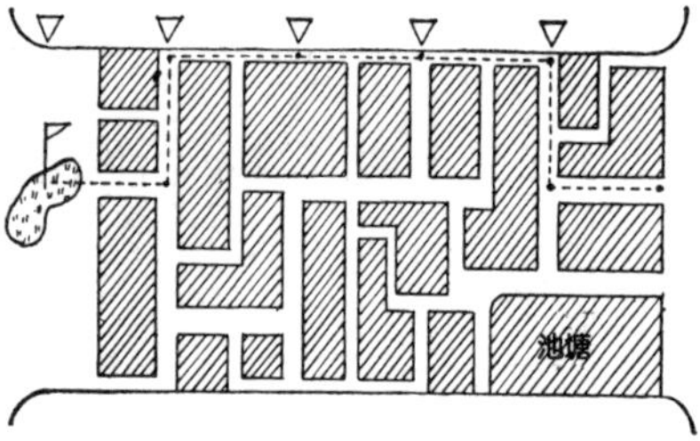

池塘

【二百名大学生的回答结果】

正确率：65%

答对者平均所需时间：4分钟

大部分错误回答都是"9杆"和"5杆"。前者是采用了弯弯曲曲的迂回路线，后者则不管有没有障碍物，以每一杆都笔直飞出50码来计算。回答9杆的人非常辛苦地计算着小球的路线，而回答5杆的人则是无视障碍物的盲目冒进者。也有人回答："只有250码的话，运气好的时候一杆上果岭也有可能！"总体来说，答对这道题的人很多，可以说是个比较简单的问题吧！

问？题

终于到了该和大家说再见的时候了。从五点半开始到现在，已经过去将近二十个小时，大家的眼睛一定很疲劳了吧？最后，让我们来做个视力检查吧！你能看出从背后透出的视力表吗？能认出从上往下五行的人就算合格。

到了该和大家说再见的时候了，我们明天再见!
祝大家睡个好觉! 晚安!

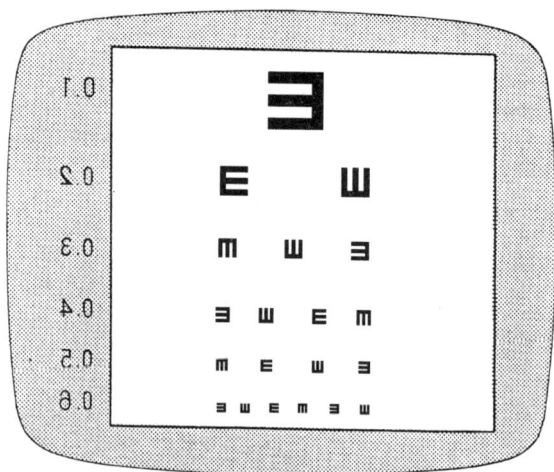